本书是安徽省高校人文社科基金项目
（现代化背景下安徽民俗体育适应与变迁，SK2015A309）
之阶段性研究成果之一

刘从梅◎著

民俗体育与民俗体育文化

MINSU TIYU YU
MINSU TIYU WENHUA

图书在版编目(CIP)数据

民俗体育与民俗体育文化/刘从梅著. ——南昌：江西高校出版社,2019.4（2022.2 重印）
ISBN 978-7-5493-8444-0

Ⅰ.①民… Ⅱ.①刘… Ⅲ.①民族形式体育—体育文化—研究—中国 Ⅳ.①G852.9

中国版本图书馆 CIP 数据核字(2019)第 045239 号

出版发行	江西高校出版社
社　　址	江西省南昌市洪都北大道96号
总编室电话	(0791)88504319
销售电话	(0791)88522516
网　　址	www.juacp.com
印　　刷	天津画中画印刷有限公司
经　　销	全国新华书店
开　　本	700mm×1000mm　1/16
印　　张	13
字　　数	200 千字
版　　次	2019 年 4 月第 1 版 2022 年 2 月第 2 次印刷
书　　号	ISBN 978-7-5493-8444-0
定　　价	58.00 元

赣版权登字-07-2019-200
版权所有　侵权必究
图书若有印装问题，请随时向本社印制部(0791-88513257)退换

前　言

在世界文化多样性面前，一个国家、一个民族的传统文化是这个国家、这个民族的血脉和灵魂。中华民俗体育是祖先留下的传统文化，是世界优秀文化之林精神财富的组成部分。中华民俗体育是中华民众创造并传承、享用的我国历代民间生活、风俗的积淀，是满足人们多种需要的一种特殊民族文化形态，既是反映我国古老民族生产、生活状态的活化石，也是反映我国历朝历代社会变迁的一部史书。我国古老、辉煌的民俗体育历经五千年发展绵延至今，但在全球一体化、现代化、信息化、生存环境剧变等多种因素的冲击与影响下，很多项目面临边缘化甚至消失的危机，保护非物质文化遗产刻不容缓。不过，国际上对于文化的保护态度以及我国政府从国家战略高度明确提出发展现阶段文化事业，给我国民俗体育及其文化的发展带来了新的机遇。联合国教科文组织在1987年宣布决定将非物质文化遗产列入保护对象范畴，于2003年10月17日通过了《保护非物质文化遗产公约》，把非物质文化遗产归于文化范畴，并正式将其纳入文化保护范畴。国际上很多国家相继加入该公约，我国于2004年加入。联合国教科文组织于2005年通过《保护和促进文化表现形式多样性公约》，宣布要在世界范围内促进文化多样性保护，加快推进非物质文化遗产的保护工作。2004年，我国文化部、财政部等部门联合实施为期17年的

"中国民族民间文化保护工程",标志着我国民族文化保护工作正式开启。2005年12月,国务院公布《关于加强文化遗产保护的通知》,宣布把每年六月的第二个星期六定为我国的"文化遗产日",并开始在全国范围内开展普查、抢救、传承、保护与可持续发展非物质文化遗产的工作,弘扬、继承中华民族优秀传统文化进入全方位开展状态。2011年,我国颁布《中华人民共和国非物质文化遗产法》。这标志着我国非物质文化遗产保护工作进入法制发展阶段,文化发展与保护工作在法制层面被纳入国家战略。党的十七届六中全会指出:在当前和今后一个时期,要推动文化产业成为国民经济支柱性产业;党的十八大会议强调:"推进社会主义文化强国建设,就是要让人民享有健康丰富的精神生活,要建设优秀传统文化传承体系。"因此,我们每个炎黄子孙应抓住机遇,创造机会,主动谋求民俗体育及其文化在新时代的创新发展路径,弘扬我国传统文化,提高我国传统文化在国际上的话语地位。

民俗体育及其文化是我国几千年智慧与文明的结晶。本书立足于社会学、民俗学、历史学、传播学、体育社会学等理论基础,主要运用文献资料法、访谈法、逻辑分析法等方法,在文化学视域下阐述我国民俗体育这一非物质文化遗产的起源、特征、功能、发展趋势等,重温并展示部分经典民俗体育项目,让更多的人认识在我国民间风俗、民间文化、民间生活方式中流传的体育形式。现今,民俗体育也面临诸多发展困境,鉴于此,本书提出相关对策,旨在更好地保护、传承我国历史悠久、民族色彩浓厚、民俗文化底蕴厚重的民俗体育项目。最后,本书还阐述了我国民俗体育文化的发展现状,探究了其发展新路径,希冀助推我国民俗体育文化健康、繁荣发展。

本书是安徽省高校人文社科基金项目(现代化背景下安徽民俗体育适应与变迁,SK2015A309)之阶段性研究成果之一。

本人在编写本书时得到了安徽科技学院和江西高校出版社诸多人士的大力支持和帮助,在此表示衷心感谢。在本书的编写过程中,本人还参阅、援引和选用了部分专家学者的论著、论文及有关媒体资料,限于篇幅,不能一一举例,特此说明,一并致谢。

由于本人水平有限,书中难免有粗疏和不足之处,希望读者多多批评、指正。

刘从梅

2018 年 11 月

目 录

第一章 民俗体育概述 ... 1
第一节 民俗与民俗体育 ... 1
第二节 民俗体育起源 ... 3
第三节 民俗体育特征 ... 8
第四节 民俗体育功能 ... 20
第五节 民俗体育价值 ... 37
第六节 民俗体育发展趋势 ... 42

第二章 民俗体育项目精选 ... 48
第一节 舞龙 ... 48
第二节 龙舟竞渡 ... 65
第三节 妈祖民俗体育 ... 74
第四节 傩与傩舞 ... 86
第五节 风筝 ... 93
第六节 凤阳花鼓 ... 100
第七节 叠罗汉 ... 114
第八节 采茶舞 ... 118

第三章 民俗体育现代化发展路径 ... 122
第一节 民俗体育产业化发展 ... 122
第二节 民俗体育产业化发展路径 ... 124

第四章　民俗体育资源开发 …………………………………… 129
第一节　民俗体育旅游资源开发 …………………………… 129
第二节　民俗体育课程资源的开发 ………………………… 136
第三节　民俗体育与全民健身 ……………………………… 152
第四节　新农村发展中民俗体育资源开发 ………………… 154

第五章　民俗体育文化 ………………………………………… 161
第一节　民俗体育的文化特征 ……………………………… 162
第二节　民俗体育的文化功能 ……………………………… 166
第三节　民俗体育的文化价值 ……………………………… 170
第四节　民俗体育文化的流变 ……………………………… 175

第六章　民俗体育文化的传承现状与现代化传承路径 ……… 189
第一节　我国民俗体育文化传承的制约因素 ……………… 189
第二节　我国民俗体育文化现代化传承路径 ……………… 194

第一章 民俗体育概述

第一节 民俗与民俗体育

一、民俗

"民俗"一词或许被认为是不言自明的概念,因为每个人从一出生就处在一定的民俗当中,个人成长也受当地民风、民俗的影响,不断感受到"民俗"的风尚、礼仪。可以说民俗给予个体的人的是人文关怀,民俗活动自原始社会开始就成为人类日常生活的一部分。"民俗"真的只可意会不可言传吗?当然不是。民俗的概念出现于19世纪中叶的欧洲。最初,"民俗"二字意味着传统、古老的习俗,遗留下来的节日,无法追溯历史的歌谣、神话、传说以及故事和谚语。①《现代民俗学入门》一书为"民俗"下的定义是:"地域社会的住民从其生活或生产活动中产生并传承下来的生活文化以及维持这种生活文化的思维方式。"②我国民俗学家钟敬文先生在其主编的《民俗学概论》里说:"民俗,即民间风俗,指一个国家或民族中广大民众所创造、享用和传承的生活文化。"③基于此,我们归纳了"民俗"的核心属性,即原初性、传统性、普遍性、非理性、乡土性、集体性、口头流动性等。

生活就是民俗。民俗是传统文化中最贴近身心和生活的一种文化,

---

①丹·本-阿默思.民俗思想辨析[J].全一方,译.民间文化论坛,2018(1):5-8.
②佐野贤治,等.现代民俗学入门[M].吉川:吉川弘文馆,1996:4.
③钟敬文.民俗学概论[M].上海:上海文艺出版社,1998:1.

是源于人类社会群体生活的需要、为人们的日常生活服务的民间生活文化。我国在长期的历史发展中形成了不同的民族,每个民族在生产实践和社会生活中都逐渐形成了本民族世代相传的较为稳定的文化事象,这些文化事象可以简单地概括为民间流行的风尚、习俗。这些风尚、习俗来自人民,传承于人民,规范着人民的举止,又深藏在人民的行为、语言和心理的基本力量之中。人们置身其中,世代相传,而且甘愿接受这种模式化规范的保护。

我国地域辽阔,民族甚多,自古就有"十里不同风,百里不同俗"之说,可见我国"民俗"内容之宽泛、民间俗事(又称"事象")之繁多。民俗现象虽然种类繁多、千差万别,但有其共有的规律:在时间上,民俗由人们一代代地传承下来;在空间上,它从一个地域向另一个地域扩散。民俗在传承、扩散的过程中常常因时过境迁而不断改变,以适应新的地貌环境、生活作息、资源要素等条件。民俗学家把这种现象称为"民俗的变异"。如在我国,过年时的"压岁钱"风俗各地盛行,在时间上、空间上都存在一致性,而过年时的"吃"又有所不同:北方过年盛行吃饺子,南方过年盛行吃年糕。

二、民俗体育

我国几千年的传统社会是以农耕生产为主要特征的农耕社会。农耕社会中的民众心理上祈求神灵保佑风调雨顺,行动上以击鼓讴歌、跳舞、唱歌、说唱等民俗活动方式庆祝丰收,催生了民间的民俗体育。

"民俗体育"这个专业名词在我国的体育史、志上很少被用到。关于民俗体育,笔者查阅各类资料发现,至今依然没有相对统一、明确的概念。公开出版的权威的工具书《体育科学词典》将民俗体育界定为"在民间风俗或民间文化以及民间生活方式中流传的体育形式,是顺应和满足人民多种需要而产生和发展起来的一种特殊的文化形态"。另外,我国一些专家、学者依据个人的视界、理解、经验,再结合权威而传统的言论、观点,对此进行了深入探讨与争论。比较有代表性的专家和学者有涂传飞、陈志丹、陈红新、刘小平、王俊奇等。涂传飞、陈志丹2007年在其文章中认为,我国民俗体育是由一定民众所创造,为一定民众所传承和享用,并融入和依附于民众日常生活的风俗习惯之中的一种集体性、模式化、传统性、生活化的体育活动,既是一种体育文化,也是一种生活文化。① 陈红新、刘小平认为,民俗体育是一个国家或民族的广大民众在其日常生活和文化空间中所创造的并为广大民众所传承的一种集体的、模式化的传统体育活动。② 王俊奇在前人研究的基础上,也在2008年对民俗体育的概念做了阐述:民俗体育是指那些与民间风俗习惯关系密切,主要存在于民间节庆活动、宗教活动、祭祀活动中,世代传承和延续的体育文化形态,具有集体性、传承性和模式性的特点。③ 当然,其他一些学者也给出了一些有见地、更细致的概念,这里就不一一列举了。诸多学者给出的不同的定义丰富和深化了民俗体育的内涵,有助于人们认识民俗体育的本质。

第二节　民俗体育起源

民俗体育活动自古至今与每个人都息息相关,因为每个人在成长过程中都离不开各种各样的民俗体育活动,对于儿时快乐地参与和观看到的各种民俗体育项目更是终生难忘,如踢毽子、丢沙包、玩花棍、推铁环、藏猫猫、掼泥泡、耍灯笼、玩火把、打陀螺、碰溜溜球、摔跤、跳花鼓、划龙

---

①涂传飞,陈志丹,严伟.民间体育、传统体育、民俗体育、民族体育的概念及其关系辨析[J].武汉体育学院学报,2007,41(8):24-31.
②陈红新,刘小平.也谈民间体育、民族体育、传统体育、民俗体育概念及其关系——兼与涂传飞等同志商榷[J].体育学刊,2008,15(4):8-11.
③王俊奇.也论民间体育、民俗体育、民族体育、传统体育概念及其关系——兼与涂传飞、陈红新等同志商榷[J].体育学刊,2008,15(9):101-104.

舟、看舞龙舞狮,等等。今天,人们把这些扎根于特定民俗土壤当中、体现民俗风情、富含民俗精神的乡土民间活动统称为民俗体育活动。

民俗体育扎根于民间本土,与其所处的社会背景、经济发展水平联系紧密,还与人们的生活区域、风俗习惯、地理环境、宗教信仰、生产和生活方式等联系紧密,且主要在实践活动中,通过人与人的口头传授方式传承下来。纵观民俗体育的起源、发展过程,实践劳动起了决定作用,战争起了推动作用,人们的社会生活内容(经济、社会心理、宗教仪式等)起了丰富与更新作用。关于我国民俗体育起源的观点,主要有人类的劳动实践、军事战争、生活习惯、宗教祭祀、庆祝活动、娱乐活动等几种。

1. 劳动起源论

中华文明史已有五千多年,早先的人类以农耕生活为主,辅以打猎、捕鱼、采摘等劳动内容,生产力低下,劳动形式简单。在物质生产、精神生活极其简单的社会条件下,民俗体育活动的内容多服务于生活,如攀爬、跳跃、射箭,以获取植物果实、猎物。那时,人们的物质生活相对贫乏,民间活动项目相对较少,民俗体育活动虽是人类社会活动的内容之一,但没有明确的开展形式、程序,也不被重视,主要服务于生产劳动实践,所以,民俗体育的活动形式对劳动实践的依赖性很强。随着社会的不断向前发展,人类发明了火、劳动工具,劳动形式也越来越复杂,从生产劳动实践中得来的认识、思想、感情等相应地变得日益复杂,早先为了生存而获得的技能也逐渐多样化,而且这些技能也逐渐成为有目的、有意识的活动。如考古人员在北京山顶洞人居住过的洞穴遗址中发现了很多兽类的骸骨,我们可以推测北京山顶洞人已具备一定的智慧、思想,他们在用粗糙的木石工具进行狩猎时,还培养了奔跑追逐能力、协作能力。北京山顶洞人遗址中除了有大量的动物遗骸,还有相当数量的被燃烧过的树籽。人类需要爬树才能采集到树籽,这就使人类逐渐掌握了攀缘的技能。燃烧食物说明北京山顶洞人能有意识地运用火,他们对食物的味道有了更高的要求。今天，我们在一些少数民族聚居地还能见到一种藤秋千。这种藤秋千很可能就是从人类采集果实时抓住垂藤来回摆荡发展而来的。其他的劳动技能，如搏击，也与原始人徒手和野兽打斗的技能有关。沧源崖画第七地点五区的画上就有二人与兽搏打的场面。画中二人均两臂展开，其一与兽搏斗，旁边一人双手持短棒，似救援者。人们的生产劳动方式是秧歌舞、采茶舞、板凳龙等很多民俗体育活动产生的直接源泉。宋代就有人们在农事中唱秧歌的记载，这表明秧歌舞起源于古代农业劳动。劳动人民在田间辛苦插秧时，以敲锣打鼓、相互对唱的方式来助兴。秧歌不仅给广大民众带来了欢乐，还是舒缓身心疲倦、提高劳动效率的好方法。后来，农民们在劳动之余自娱自乐的歌舞都被统称为"秧歌"。

从我国的社会变迁历程来看，民俗体育内容与生产劳动实践联系紧密，与生产工具、劳动力发展水平密切相关。所以说，民俗体育起源于劳动且在劳动中得到发展是一种可信赖的观点。

2. 军事起源论

部落或部落联盟在我国历史上成立时间比较早，部落间常因私有财产、扩大地盘、抢夺食物等问题而爆发战争。距今五六千年前，在中华大地上已形成了若干部落联盟，主要有生活在黄河中游及临近地区的华夏集团、以泰山为中心的东夷集团和以洞庭、鄱阳两湖为中心的苗蛮集团。由于人口的不断增长或自然灾害的频繁发生，三大集团逐渐向外迁徙。当华夏集团东进、东夷集团向西发展时，东夷九黎部落首领蚩尤与炎帝首先相遇。蚩尤凭借武力大败炎帝。炎帝向黄帝求援并与黄帝结成同盟，与蚩尤大战于逐鹿之野。善良、勇敢的各个部落以"不畏强暴，勇猛顽强"的战斗精神奋力抵抗外侵。在古时候的战争中，各方的作战工具、战斗技能高度相近，人的身体素质在斗争中起决定作用，身体素质的训练被高度重视，很多民俗体育项目就在军事需求中孕育而生。今天，被认为源于军事的民俗体育项目依然在民间传承，如傣族的单刀舞、棍舞，可以单人独舞,也可以双人对舞,和耍枪棒或器械操近似。这种舞蹈可能是古时候的军事训练中的武舞的遗俗。羌族有一种古老的传统风俗舞,叫"跳盔甲",又名"大葬舞"。舞者人数不定,身穿用生牛皮制作的铠甲,头戴插着野鸡翎和麦秆的皮盔,手执兵器。舞蹈内容有跳圈、两排对阵,舞蹈时器械飞舞,舞者吼声震天,舞者肩上挂着的铜铃也发出阵阵响声。其他的一些少数民族舞蹈,如景颇族的盾牌舞、布朗族的刀舞,也都曾是为战争做准备的武舞,是为战争进行的军事训练,能强壮人们的身体,提高人的意志力和作战能力。另外,人们模仿在战争中会用到的器械、用具,如石头、棍棒、木刀、木枪、钢枪、铁刀、箭弩、火炮,也发展出了一些民俗体育项目,如抛石头、抵杠子、抢山头、摔抱腰、宫天梳、鸡形拳、苗族神鞭。《后汉书》卷一一六记载,秦昭襄王时期(前306—前251),在秦、蜀、巴楚之境,有白虎伤害千余人,秦昭襄王招募天下壮士杀虎。湘西少数民族地区的先民宗贝人(板盾蛮)做白竹弓弩登楼射死了白虎,为除一朝之患立了大功,成为秦国的义人,得到秦昭襄王"顷田不租,十妻不算,伤人者论,杀人者得以赎钱赎死"①的奖赏。后来,宗贝人用以射杀白虎的白竹弓弩得以传承,成为民俗体育活动的一种器械。可见,一些民俗体育项目的起源、发展与军事关联极大。

3. 生活起源论

民俗体育活动的开展依附于人们的日常生活,而民俗体育的产生与传承又依赖于人们生活的基础条件、地理环境、民风民俗、生活习惯、生产方式、生活方式、思维方式、娱乐方式、宗教信仰、价值观念等,因此,民俗体育与人们的生活息息相关,其中,人的娱乐活动、宗教祭祀活动是多种民俗体育项目产生的根源。随着生产力的发展和社会财富的增加,在生产劳动之余,人类的闲暇时间相对增多,休闲娱乐自然而然地成为人们生

---

①范晔.后汉书:南蛮西南夷传(卷一一六)[M].上海:上海古籍出版社,1986:76.

活内容的一部分。在人们的休闲娱乐活动中，民俗体育活动的内容不断丰富，而且获得了创新与发展，如高脚马。起初，人们将其作为雨雪天的短途交通工具。在雨雪天，人们穿的鞋常被弄湿弄脏，于是人们就做木杈高脚或竹桶高脚踩着行走，避免了鞋被弄湿弄脏、脚被冻的情况。后来，人们在天晴时也踩着玩耍，或三五人踩着高脚马一起嬉戏比赛。慢慢地，高脚马被推广到更多的地方，越来越多的人把高脚马当作一种娱乐、比赛项目。高脚马渐渐演变成一种体育项目，并又发展出高脚灯、高脚戏。如今，高脚马已成为全国民运会的正式比赛项目。另外，由于民风民俗一旦形成就难以改变，如崇拜自然神、崇拜祖先等宗教祭祀风俗，因此，一些宗教祭祀活动也就成了各地的习俗，代代传承，满足了人们的精神需求、心理需求。如龙舟竞渡源于对龙图腾的一种崇拜，后来成为中华民族熟悉而传统的纪念屈原的祭祀活动，又演变为端午节的娱乐活动，是中国历史上一种具有浓郁传统民俗文化色彩的群众性娱乐活动。源于祭祀活动的民俗体育项目还有很多，如刺牛祭祖、茅古斯舞、铜铃舞、跳丧舞、梅嫦舞。

  人们的生活习惯和爱好也是许多民俗体育项目产生、发展的直接源泉。踩高跷是中国的传统民俗活动之一。据说，踩高跷是古人为了采集树上的野果而在自己的腿上绑两根长棍而发展起来的一种跷技活动。踩高跷俗称"缚柴脚"，亦称"高跷""踏高跷""扎高脚""走高腿"，是民间盛行的一种群众性技艺表演项目，多在一些民间节日里由舞蹈者在脚上绑长木跷进行表演。踩高跷技艺性强，形式活泼多样，深受群众喜爱。关于高跷的起源，有学者们认为与原始氏族的图腾崇拜、沿海渔民的捕鱼生活有关。据《说丹朱》记载，在尧舜时代，以鹤为图腾的丹朱氏族在祭礼中要踩着高跷拟鹤跳舞。考古学家认为，甲古文中已有近似踩跷起舞形象的字。我国最早介绍高跷的文献是《列子·说符篇》："宋有兰子者，以技干宋元。宋元召而使见其技，以双枝长倍其身，属其胫，并趋并驰，弄七剑跌而跃之，五剑常在空中。元君大惊，立赐金帛。"我们从文中可知，早在公元前500年左右,高跷就已流行。表演者不仅能以长木缚于足行走,还能跳跃和舞剑。

高跷分高跷、中跷和跑跷三种。高跷在我国分布广泛、历史悠久。高跷在汉魏六朝时被称为"跷技",在宋代被称为"踏桥",清代以来被称为"高跷",我国北方有高跷秧歌。现今,山西省内各地的高跷高度不一,低的低至数寸,高的高至两三米。在山西芮城、新绛等县,高跷高达五六米,以一米多的最为多见。山西高跷分文高跷和武高跷两种。文高跷侧重于扭和踩,武高跷以表演特技为主。

总之,我国许多民间民俗体育项目从远古的劳动、军事中走来,与民间的民风民俗、巫术、宗教、神话、传说等交织在一起,反映了人们的日常生活内容,供人们在日常生活中享用。同时,这些民间民俗体育项目也与自然环境相和谐,与社会经济发展相适应,且在人们的日常生活中得以继续传承,满足了人们的多种需求。

第三节　民俗体育特征

对民俗体育特征的研究是民俗体育研究的重要课题之一。本研究将民俗体育项目中带有普遍性的特征进行概括并抽象出来加以论述,目的在于从总体上认识和把握民俗体育的共性特征,并不否定对民俗体育其他个性特征的归纳和研究。只有认识了民俗体育的特征,我们才能科学而准确地把握民俗体育的产生、发展及演变规律;只有认识了民俗体育的特征,我们才能更好地区别民俗体育中的因素哪些是消极因素,应该如何避免、化解,哪些是积极因素,应该如何提倡、推广,使民俗体育发扬光大,实现使民俗体育成为全世界人民共享财富的目标。

1. 共通性

原始人在自身发展和与自然斗争的过程中,为了生存,学会了跑、跳、投、射、攀爬等运动技能;在捕猎、捕鱼活动中,发展了速度、耐力、力量、灵敏等各种身体素质。他们在很长一段时间里并没有对体育文化形成清晰的、理性的认识,基本是在不知不觉之中进行体育活动的,不过,基于相似的因素创造出来的体育项目,其形态、性质和目的是相同的。

体育源于生活且与生活紧密联系。原始人类在获得猎物特别是在农耕丰收之后,常聚集在一起以游戏欢舞的方式庆贺。我们可以推断,民间体育是从跑、跳、投、射等动作形态中演化出来的,人们以歌舞的形式表达内心的喜悦。有时,不同的民族或部落为争夺地盘、猎物而产生冲突,出现了棍棒击打、摔打、投掷飞镖等打斗形式,这些形式后来被运用于身体训练,以提高本部落人群的打斗实力。另外,原始人经常受到季节和环境变化的困扰,因此人类为获得自然的恩赐,多以体育舞蹈的形式祭祀天地以求获得自然的庇佑,这就形成了原始的宗教活动。从生产劳动、军事、游戏、捕猎中演变出来的运动技能、技巧,在人们的劳动、生活中以言传身教的方式传授给了后代。这些运动技能伴随人类的进步既获得精细发展,又让人类逐步摆脱了动物野性而向文明的社会人进化。这些运动技能也逐渐成为具有文化内涵的民俗体育项目,如古代射礼和成年礼中的射俗,驱鬼仪式中的傩舞,祭祀仪式上的赛龙舟,种族繁衍仪式中的抢花炮,各种节庆礼仪中的赛马、蹴鞠、棋类、摔跤等项目。民俗体育的起源、发展的共通性特征使其在各民族中得以快速交流与传播,使民俗体育文化逐渐形成。

2. 地域性

地域性是民俗体育在空间上所显示出来的特征。① 我国地域辽阔,

---

① 中国体育科学学会,香港体育学院. 体育科学词典[M]. 北京:高等教育出版社, 2000:19.

南北跨度大,气候差异显著,自然环境、人文环境等差异明显。不同地域的人的生活内容、生活习性、思维方式、运动方式等均有较大差别。人们通常以地理上的秦岭—淮河一线把我国地域划分为北方与南方。北方地区纬度较高,气温较低,寒冷季节较长,积雪、冰层较厚,滑雪、滑冰、打冰嘎等冰雪项目比较普及。另外,北方地势平缓,草原开阔,空间相对宽广,一些居民以放牧为主,人们普遍具有豪爽奔放的性格,崇尚勇武精神,摔跤、奔跑、赛马等力量、速度型项目比较受欢迎。南方地区气候湿热,地形以丘陵、山地为主。南方人清秀、细腻、稳重、内敛,善于思考,擅长心智类技巧性活动项目,如象棋、围棋、秋千、风筝、打陀螺、游水捉鸭、跳竹竿。再者,即使是同一民俗体育项目,比如舞龙,也明显显示出南北文化的地域性特征。北方的舞龙以武为主,强调龙的威武豪迈、气壮山河;南方的舞龙以文为主,突出龙的灵活敏捷、变化自如。① 各民族在特定的地域条件下形成了自己的民俗体育项目及民俗体育文化,"十里不同风,百里不同俗"恰是这种地域差异的体现。带有浓厚地域色彩的民俗体育盛行于民间,丰富了民间数千年的体育文化生活,表现出中原民俗体育文化、草原民俗体育文化与南方水域民俗体育文化的运动内容,体现了各地人民的智慧与勇敢、民族的英武与蛮健,更寄托了人们对民族人性完美的追求。

3. 民族独特性

我国是个典型的多民族国家,民族差异性较大是一个客观存在的、不可忽略的事实,也是造成民俗体育民族独特性的主要因素。民族独特性可以理解为不同民族有世代相传的富含自己民族特征的民俗体育事象,或同一民俗体育事象在不同的民族中具有不同的表现形式。影响民俗体育独特性特征的因素主要有人们所处的社会环境、自然环境、文化心理、

---

①罗廷华.论民族传统体育[M].贵阳:贵州民族出版社,2001:15-28.

生活习俗、信仰等。如傣族人普遍信仰佛教,每年傣历六月(公历四月中旬)举行的泼水节是傣族最盛大的节日,届时,傣族人要赕佛,大摆筵席,宴请僧侣和亲朋好友,以泼水的方式互相祝贺。另外,泼水节期间还有祭祀拜祖、堆沙、丢包、赛龙船、放火花、歌舞狂欢等节目,其中尤以孔雀舞表演最具有傣族风格。回族信仰伊斯兰教,忌食猪肉、动物的血和自死的物,衣食住行、婚嫁、丧葬等方面的习俗多有宗教色彩。人们在农耕劳作的间隙,会在田间地头或场园进行诸如掷子、拔腰、爬木城、打木球等具有竞争性、趣味性的民俗体育项目。土家族的摆手舞是土家族流行的古老舞蹈,古朴优美,生活气息浓厚。朝鲜族人能歌善舞,姑娘们爱荡秋千,小伙子喜欢摔跤角力。此外,彝族的传统火把节、纳西族的东巴跳、藏族的赛牦牛等,都是体现各民族独特文化的民俗体育事象。同一类民俗体育项目在不同的民族中也各有特点,如已经成为全国农民运动会正式比赛项目的蒙古族式摔跤"博克"、维吾尔族式摔跤"且西里"、彝族式摔跤"格"、藏族式摔跤"北嘎"、回族式摔跤活动虽然都属于摔跤这一民俗体育事象,但是在不同的民族中又分别反映了各个民族的特性,具有鲜明的民族差异性。[①] 民俗体育的民族独特性既显示出民俗体育项目的繁多与五彩斑斓,又使民俗体育项目保持着强烈的传承性。这些民俗体育项目即使脱离了特定的地域空间,也还会继续保持本民族的独特性。

4. 依附性

民俗体育强烈地依附于民俗事象而存在,即依附于民众日常生活中的风俗习惯,如节日、礼仪、社交、祭祀、祈神、赛会、求签、问卜、婚俗等各种民俗事象中。板梁古村的倒灯从它产生之时起便与正月十五元宵节联系在一起。它依附于节日而存在,又因能沟通人与人之间的感情、强化集体意识、增添节日气氛、祈福来年平安吉祥而得以被保留和传承下来,是

---

① 姚重军. 少数民族传统体育文化研究[M]. 北京:民族出版社,2004:18-29.

板梁人过元宵不可少的民俗活动。① 依附于生产劳动、岁时节令的民俗体育表达了人们本源的、真诚的悲欢与共、齐心合力、共同发展的情感与心声。春节是各个民族举行多种形式的民俗体育事象最隆重的节日,人们盛装登场,多以中国传统的"舞龙舞狮"为代表性节目,尽情狂欢,男女老幼其乐融融。龙狮华彩斑斓、翻跃蹦跳,再配以铿锵悦耳、喜庆阵阵的锣鼓声,场面甚是恢宏。人们尽情欢呼,一片祥和之气。

依附于生产劳动的民俗体育活动是民俗体育萌生、发展的坚实原动力,既能表达人们简朴的夙愿,又能表达人们本质的欢乐,如具有民间自发性、流传广泛的秧歌和采茶舞曲。这些民俗体育活动源于人们的生产、生活,是人们在农耕生产中身心愉悦的自然表现。依附于礼俗、信仰、崇拜等各种民俗事象的民俗体育活动,其内容、形式也多种多样,有婚俗礼仪类的,如哈萨克族的姑娘追、布依族的甩糠包;有信仰崇拜类的,如彝族的摔跤活动最早源于祭神、求雨、禳灾。火把节是彝族、白族、纳西族、基诺族、拉祜族等民族的古老传统节日,有着深厚的民俗文化内涵,被称为"东方的狂欢节"。不同的民族、同一民族的不同地区举行火把节的时间会有所不同,信仰、崇拜目的也存在差异。纳西族火把节的时间是农历六月二十五日,目的是免灾祈福;拉祜族火把节的时间是农历六月二十四日,目的是除恶人、保平安。彝族的撒梅人在每年的农历六月二十四日、二十五日都要打起火把,彝族撒尼人的火把节于农历六月二十四日举行,彝族阿细人的火把节也于农历六月二十四日举行。举行于火把节期间的民俗体育活动还有斗牛、斗羊、斗鸡、赛马、摔跤、歌舞等表演。

5. 娱乐性

娱乐性体现出民俗体育的发展性特征,也显示出其本原特性,人们通

---

① 邱海洪,胡蓉. 古村落传统节日民俗体育的特征和价值——以板梁古村元宵节"倒灯"为个案的研究[J]. 军事体育学报,2016,35(4):80-83.

过欢快、多样的身体娱乐活动方式表达对乡土风俗的热爱。在远古的农耕时代,人们在乡土气息浓厚的农耕生活中渴望年年都是风调雨顺的太平岁月,希望年年都拥有丰衣足食的美好生活。民间民俗活动的目的是祈福求吉,寄托人们的信仰和祈愿,缓解生存的焦虑与不安,如安徽淮河流域具有代表性的民俗体育活动凤阳花鼓。明代田艺衡撰写的《留青日札》卷十九记载:"吴越间妇女用三棒上下击鼓,谓之三棒鼓,江北凤阳男子尤善。"《帝乡纪略》明万历二十七年(1599年)刊本卷五"风俗"的前志记载:"插秧之时,远乡(州治西南与临淮县东北接壤)男女击鼓互歌,颇为混俗。"我们由此可以推断,凤阳原生态的民间风俗是击鼓讴歌,人们用以表达劳作时愉快、祝愿的心情。劳动人民通过古朴的民俗体育活动体验到身心的愉悦,民俗体育活动则带给他们乐趣、享受,成为人们劳作时精神、情感的寄托。随着社会的发展、人的发展,人对民俗体育的诉求也在不断增加,需要层次也在不断提高,但科学技术又相对落后,这使得民俗活动中的信仰与娱乐结合在一起,如放风筝。放风筝本来是一种禳灾的巫术行为。某人得了病,巫师把病状涂写到风筝上,把风筝放到空中,再剪断拉线,这种疾病就会脱离病人,随着风筝飘飞而去。这是具有巫术意义的户外活动,后来逐步演变为今天具有娱乐性的民俗体育活动。① 一些少数民族的民俗体育活动,如台湾高山族的杵舞、壮族的采茶舞、佤族的春臼,既与农耕生产内容紧密联系,又具有鲜明的民间艺术特色,场面气氛热烈,具有较强的娱乐性。

民俗体育源于生活,寄托着人们的生存愿望和对美好生活的向往,逐渐发展成为人们体验快乐情感、强健体魄、沟通情感、提高生命价值、增强群体凝聚力的重要活动内容。民俗体育活动是人的活动,其最终目的也

---

①国家体委体育文史工作委员会,中国体育史学会.中国近代体育史[M].北京:北京体育学院出版社,1992:12-20.

应当是人的幸福、健康以及全面发展,这也正是科学发展观中"以人为本"的题中之义。①

6. 传承性

各民族不同的民俗体育活动在历史的长河中得以延续、发展,传承性是其灵魂,这个灵魂就是创生并传承它的那个民族(社群)在自身长期奋斗和创造中凝聚成的特有的民族精神和民族心理,集中体现为共同信仰和遵循的核心价值观。② 那么,传承性该如何理解?传承性是指民俗体育经过不同时代的发展仍然保持原来的某些特质的属性,包括两个方面:一是指民俗体育在时间上传衍的连续性,即历时的纵向连续性,它在时间上是可以世代延续的一种社会文化;二是指民俗体育在空间伸展上的蔓延性,它在空间上也是可以传播和扩散的,即民俗体育的横向传播过程。③ 民俗体育的传承性特征使民俗体育世代相传而生生不息,不仅在本民族内部发展壮大,而且与其他民族的民俗体育文化相互影响、融合,衍生出形式更多、内容更丰富的民俗体育项目。例如,元宵节时玩龙灯已成为我国许多民族共同的习俗,早在宋代就有文献记载元宵舞龙、元宵彩灯的活动习俗。宋代词人辛弃疾在《青玉案·元夕》中写道:"东风夜放花千树,更吹落、星如雨。"词作描写了信州府元宵舞龙灯的情景。这里的"夜放花千树"指的就是元宵放灯(又称"观灯")。夏竦在《奉和御制上元观灯》诗中写道:"鱼龙漫衍六街呈,金锁通宵启玉京。""鱼龙漫衍"也是指玩龙灯。凤阳花鼓源于凤阳本土,是当地最经典、最具民俗传统特色的体育项目。在明朝,凤阳人就以敲花鼓这种娱乐方式来抒发热爱生活、享受生活的情感。后来,自然灾荒和战乱等不可抗拒的力量改变了明

---

① 韩永红. 民俗体育价值思考[J]. 体育成人教育学刊,2017,33(2):59-61.
② 罗湘林. 对一个村落体育的考察与分析[J]. 体育科学,2006,26(4):86-95.
③ 国家体委体育文史工作委员会,中国体育史学会. 中国近代体育史[M]. 北京:北京体育学院出版社,1992:12-20.

朝凤阳人和乐、安稳的生活,迫使淮河两岸的花鼓艺人身背花鼓走四方,过起了卖唱乞讨的生活。这种变化对其他曲种产生了一定的影响,花鼓与很多地方的歌舞艺术产生了文化融合,再生出具有不同地方特色的新品种,丰富了我国的花鼓文化。如在浙江温岭地区,《凤阳花鼓》被改编成《天皇花鼓》;晋南花鼓是凤阳花鼓在山西与当地歌舞艺术相结合而再生的新品种,又称"祁太秧歌"等。从吴越之腹地向南,便到了百越地区,其中,闽越人传唱凤阳歌也极为常见,如福州当地流行最广的一首《真鸟仔》,其"原曲是外来小调《凤阳花鼓》"。①

传承性使民俗体育穿越历史隧道绵延流传至今并依然保持着其自身的活动规律和惯性,使民俗体育能够维系民族或群体的凝聚力和趋同意识,体现了民俗体育固有的生命力、感召力和发展能力。

7. 变异性

变异性体现的是民俗体育的"发展变化观",一般可以理解为民俗体育在时空变化中表现出的自身的渐进变化、与其他艺术的融合发展的变化,在一定程度上改变了民俗体育原生态的本原面貌。民俗体育的变异性特征实际上是民俗体育文化得以保存和发展的内在动力。② 民俗体育的变异性、传承性都表现民俗体育的动态特征,民俗体育在传承中产生变异,变异之后继续进行传承。因此,民俗体育能与时俱进地满足人们的需求,丰富人们的精神生活。

引起民俗体育产生变异的因素包括本土人们的风俗、信仰、文化、生活方式等,国家的政治、经济、科技、传播媒介等社会因素也与民俗体育的变异息息相关。我们依然以淮河流域的凤阳的民俗体育事象凤阳花鼓为例进行说明。在安徽凤阳,凤阳花鼓是用以展示本土民俗体育原始面貌

---

① 刘春曙,王耀华.福建民间音乐简论[M].上海:上海文艺出版社,1986:87.
② 蔡宗信.民俗体育范畴与特征之探讨[J].台北:国民体育季刊,1995(3):68-76.

的经典项目,被视作民间瑰宝。明太祖朱元璋出生于凤阳,对凤阳花鼓情有独钟,因此,他曾采取一系列优惠政策以善待宗社乡民,凤阳花鼓于是进入了发展的鼎盛时期。随着自然灾害和战乱的频发、人口的迁徙和朝代的更迭,凤阳花鼓的发展表现出变异性特征,不仅其自身的表演形式、唱词、道具等出现了较大变化,而且逐渐凤阳花鼓也渗透到了其他地区的艺术品种中。起初,凤阳花鼓的表演多出现在民间农事联欢、喜事典贺、节会庆祝等活动中,表演者起初为姑嫂(或夫妻、兄妹)二人,一人击鼓,一人敲锣,对唱小调,辅以舞蹈,具有浓厚、质朴的乡土气息。在清朝乾隆年间(1736年—1795年),二人演唱的凤阳花鼓被改编为六到八人甚至更多人表演的凤阳花鼓歌舞。① 同时,锣鼓也由身背腰鼓的形式逐渐简化为双条鼓。凤阳花鼓在几百年的传承过程中,其传播形式由起初的现场表演渐渐转为以电影、电视、网络等途径进行传播。凤阳花鼓在区域间传播时与其他地区的艺术融合发展,如上海地区原本流行四句头山歌,凤阳歌等民歌小调传入以后,二小戏(男女二人载歌载舞的艺术形式)逐渐流行,其艺术形式、内容、风格均类似于凤阳花鼓。其中一首《十二只花鼓》唱道:"头一只花鼓圆丢丢,小女淘米(唠)有人留。娘向侬因能繁难?打翻(个)白米借挕寻。"②

今天,民俗体育承载着厚重的人文底蕴。适逢国家非物质文化遗产保护政策的发展机遇,创新因素不断赋予民俗体育发展强劲的动力,民俗体育的变异性特征也更加明显。

8. 健身性

《体育科学词典》对民俗体育的界定是:"在民间风俗或民间文化以及民间生活方式中流传的体育形式,是顺应和满足人们的多种需要而产

---

①王兆保.从乞讨到娱乐——论凤阳花鼓的传播[J].青春岁月,2012(6):241.
②王义彬.论凤阳歌的传播与影响[J].福建师范大学学报(哲学社会科学版),2004(2):79-84.

生和发展起来的一种特殊的文化形态。"这明确了民俗体育是一种"体育形式",与其他的体育活动不同的是,它的活动地点在"民间"。我国早期的民俗体育与原生态的乡土农耕生活、人们的敬神信仰关系最密切,是人们在生产劳动、丰收、节庆中生活化的体育活动,表达了人们在生活中体验到的愉悦情感和在宗教仪式娱神活动中体验到的精神慰藉。秧歌舞、采茶舞、杵舞等都是人们对农耕生产劳动的模拟,体现了人们对生活的热爱之情对主体审美的提炼与体验。集体性的大型民俗体验活动多在节日举行,如我国许多地方庆祝端午节的隆重仪式是举行龙舟大赛。龙舟大赛既是传统项目也是经典项目,举行龙舟大赛更是人们的意识习惯。龙舟大赛的参赛队伍往往代表了各个宗族、村社、地域的威望与实力,各地挑选十几名青壮年男子组成龙舟队进行龙舟大赛,以最先到达目的地为胜。龙舟大赛期间,方圆几十里的群众都到江河湖畔来看热闹。人们敲锣打鼓、助威呐喊,场面甚是壮观,节日气氛很是浓烈。有些地区喜欢举行摔跤活动。开展摔跤活动,最早的目的是祭神、求雨、禳灾,表现形式具有庄严肃穆、扑朔迷离的祭祀色彩。[①] 人们平日里在田间地头进行娱乐耍斗,等到了传统节日密枝节、火把节时,就举办正式的摔跤活动。如今,民俗体育活动在各地中小学生、学龄前儿童中广泛开展,如掷沙包,可由单人练习,也可双人、多人进行练习,能提高儿童的灵敏度和协调性,也能提高学生的反应能力与力量素质等,可促进儿童心肺功能的发育。

  民俗体育以人的身体为载体开展活动,运动主体的身体建构是其本质。通过各种形式的民俗体育活动,人们能够增强体质、增进健康、培养各种心理品质,还能够得到更多的精神享受与安慰,提高对环境的适应能力。

[①]郭永东.论多元文化圈对西南少数民族传统体育的影响[J].体育文化导刊,2005(8):37-39.

9. 观赏性

很多民俗体育项目具有集歌舞于一体的民间艺术形式,其舞蹈形态直观地带给人们视觉享受,具有观赏性特征。例如,凤阳花鼓存在飘飘步飘鼓条、十字步揉鼓条、正步位甩鼓条等大量翩翩的舞步,这些动作轻盈、飘逸、柔美,是女性美的特征的鲜明表达。[①] 采茶舞和花鼓舞等表演的道具、服装、演唱、舞蹈,不仅给观众带来美感,还能表达花鼓爱好者共同的心理趋向与情感认同感。原生态的花鼓表演形式是表演者一手拿鼓一手执鼓条击打鼓面,边唱边舞,所以凤阳花鼓又被称为"双条鼓"。起初,凤阳花鼓多由姑嫂二人同台表演。凤阳花鼓在服装方面也有一定的要求:演姑者头戴大红花,扎红头绳,上身穿花布大襟褂,下身穿深色裤,腰系深红或深蓝色围裙,脚穿黑色圆口带绊布鞋和粉红色长筒棉纱袜;演嫂者头扎白色或印花手巾,上身穿蓝士林平布大襟褂,下身穿深色便裤,腰系黑色围裙,脚穿黑色圆口带绊布鞋和豆沙绛色棉纱大袜。[②] 又如,集体性的大型舞龙表演是遍布我国各地的民间传统性项目,每逢喜庆节日,人们都会舞龙。舞龙时,龙跟着绣球做各种穿插动作,不断展示扭、挥、仰、跪、跳、摇等多种姿势。虽然由于地域和民族的差异性,我国舞龙的形式和种类繁多,但均以强身健体、表演娱乐为目的,配以鼓乐,伴以歌,载以舞,表演各种动作,充分展示出浓郁的民族特色和艺术妙想,具有较高的观赏价值。[③] 福建仙游枫亭的菜头灯是当地每年元宵节期间举行的最为隆重的活动,时间为正月十三至十七。游灯种类繁多,有大象灯、麒麟灯、伞灯、灯枝、鱼公鱼婆灯、人力车彩灯、花旦彩灯、彩架灯、飞马缀灯、凤凰飞翔灯、蝴蝶翩跹灯、蜻蜓戏水灯、松树伞灯等,活动期间还有大型的女子车鼓队、女子管乐队、女子军鼓队、女子腰鼓队、夕阳红女子舞蹈队、女子舞龙

---

① 高静. 凤阳花鼓舞蹈动作形态分析[J]. 滁州学院学报,2011,13(3):50-53.
② 孙树旺. 凤阳花鼓的昔与今[J]. 剧作家,2008(4):165.
③ 周西宽,胡小明. 体育文化泛论[J]. 成都体育学院学报,1987,23(2):3-6.

队进行表演以及蚌舞、扇舞等舞蹈。表演者英姿飒爽,鼓钹交加,管乐高奏,舞姿翩翩。① 民俗体育项目的大型娱乐性庆祝表演活动将朴实的艺术美融于生活之中,使人们在审美意识、审美心理等方面产生共鸣,进而使人们体会自然美、社会美的和谐统一。

声、色、形、象诸要素相结合,构成了民俗体育活动形式优美的美学价值,再通过具体活动中的动态美的展示陶冶人们的情操、提高人们的审美情趣、愉悦人们的身心、美化人们的心灵,达到人、自然、社会的和谐统一,从而提高民俗体育的观赏价值。

10. 交融性

民俗体育在传统的民俗活动中产生与发展,深深扎根于民间土壤,与人们的日常生活息息相关。民俗体育丰富了人们的健身、娱乐内容,带给人们心理慰藉,寄托了人们的希望与祈愿,深受民众的喜爱。在历史的发展过程中,战争、自然灾害、统治者的命令、少数人的主观意愿等因素造成各民族的人们迁徙、被流放、逃荒等大规模的或散乱的移动、移居现象。据有关专家初步考证,三国时期,古徽州这块土地上的居民已有六个方面的来源:第一部分是在秦以前就在这里生息的土著居民,禹以前属三苗族,禹以后属左越族;第二部分是秦始皇时迁入的"大越徙民";第三部分是秦末吴芮部将所率的后来滞留徽州的"百粤之兵"以及汉将陈婴拥兵浙地滞留于徽的汉兵;第四部分是春秋战国时期,楚汉相争、中原战乱致使举家迁徽的北方居民,如方弘家族由河南迁歙东等;第五部分是为逃避赋役陆续迁到徽州的中原居民;第六部分是留恋徽州大好山水,官于此遂家于此,或游历至此而居于此的人。②

人类的迁徙、移动造成人们生活方式的相互影响与相互模仿,必然导

---

①郭学松,郑敬容,缪仕晖,等.原生态民俗体育"菜头灯"活动的农耕文化记忆[J].武汉体育学院学报,2015,49(5):30–35,81.

②王俊奇.赣皖边区村落民俗体育研究[J].北京体育大学学报,2006,29(11).

致民族间和地区间的文化相互交流、融合与渗透,具有浓厚地域特色的民俗体育项目在不同部落、不同民族之间交融与发展就顺理成章了。《战国策·赵策二》载:"今吾(赵武灵王)将胡服骑射以教百姓。"战国时的赵武灵王为了国家的强大,推行"胡服骑射"的改革,把西北少数民族流行的骑射引进中原,改变了中原人的服饰穿戴习惯。"胡服骑射"的实施促进了各地区尤其是中原汉族与各少数民族间的经济、文化交流,缩短了赵人和胡人之间的心理距离,中原流行的舞狮子、舞龙灯、打腰鼓、打陀螺、踢毽子、拔河、放风筝等民俗体育活动也逐渐被西北的民族所接受。再者,民族间的通婚事象也是促进民俗体育交融发展的一大因素。通婚后,人们的生活习俗、文化习俗、娱乐习俗、信仰习俗等达到深度交融与渗透,民俗体育项目也被彼此接受,如黄帝部族的干戚舞、中原部族的击扯等活动逐渐在各民族间流传。

我国素有"礼仪之邦"的美称。中华各民族在发展过程中相互学习、求同存异,共同创造、丰富了我国各民族的民俗事象、民俗体育文化。我国的民俗体育文化呈现出由简单到复杂、由单一到多元的融合发展趋势,表现出旺盛的生命力,繁荣发展至今天已成为极具感染力和艺术表现力的特殊文化形式。

第四节 民俗体育功能

民俗体育是在人类的社会生产、生活实践中产生的一种社会现象,必然有其存在的现实功能。民俗体育功能的作用对象和服务群体是人、人群、人类社会。民俗体育原始的本质功能是娱乐、信仰、强身健体、传承、社交、人的社会化等。随着社会、经济、文化、全球一体化的发展,民俗体育的功能日益多元化,得到不断衍生与完善,其衍生功能有政治功能、教育功能、经济功能、文化功能等,且越来越显著。只有多方位地认识民俗体育的功能,我们才能针对性地发挥、创新、利用其功能,有效地保护、传承民俗体育,让民俗体育更好地为人的全面发展和人类社会的进步服务。

1. 娱乐功能

人们在无意识的自发状态下抒发内心的快乐,这是民俗体育娱乐功能的原始表现形式。在农耕社会,人们进行田间劳作是生活的常态,在劳作中进行原生态的自娱自乐活动是快乐情感的本原体验,是劳动人民获得快乐的直接方式,也是民俗体育的本原功能。这里的"原生态"是指没有被特殊雕琢,存在于民间的原始的散发着乡土气息、在自然状态下生存下来的一种形态,是事物的本真状态,不能受到外界的影响而产生变异。[①] 人们在欢快的劳动中通过身体获得发自内心的愉悦、快乐,如中原地区民众表演凤阳花鼓。原生态体育形式是自娱自乐的而不是纯体育性质的,是随机的而不是规范的,是省力的而不是刻意的,是参与的而不是观赏的,是传承的而不是创编的。[②] 又如,土家族的巴山舞、纳西族的东巴舞等都是原住居民日常生活中的一种下意识活动,这些古朴粗犷、贴近生产和生活的民俗体育活动表达了原住居民质朴而真实的快乐情感。

社会的变迁与向前发展是不以人的意志为转移的,民俗体育随着时代的更迭也发生了变迁与发展。人们参与民俗体育的活动状态由无意识转向有目的、有意识,如摔跤。摔跤是最原始的民俗体育项目之一,汉族、回族、满族、蒙古族、彝族、藏族、俄罗斯族、哈萨克族、维吾尔族等很多民族都有这项运动。2017 年 8 月 14 日,在青海海南藏族自治州共和县举办的少数民族传统体育运动会上,少数民族选手就在藏式摔跤"北嘎"项目

---

①王林,晋会峰,徐刚.非物质文化遗产视域下传统武术"原生态"传承之悖论[J].天津体育学院学报,2009,24(2):158-161.

②朱勇.原生态价值取向与村落体育的"善本再造"[J].西安体育学院学报 2010 (6):681-685.

中大秀摔跤技巧(摔跤既属于民俗体育项目,也属于民族传统体育项目)。摔跤是一种角力运动,已成为藏民在节日、集会或收获后的庆祝活动中最喜爱的项目之一。摔跤参赛者斗智斗勇,全力拼搏,脸上洋溢着的畅快感、满足感。摔跤运动员精彩的比拼给赛场创造了一个充满欢声笑语的世界,欣赏者发出阵阵掌声、呐喊声、欢呼声。这样,所有人都能感受到身体层面的平等快感,显示出精神层面的快乐——狂欢。现今,民俗体育活动已成为人们有意识的、有目的的获得快乐、调节身心的手段之一了,凸显出休闲娱乐的一体化功能。

2. 信仰功能

自古至今,民俗体育活动的开展与人们的信俗意识、观念关系密切,且显示出稳定的惯性行为。例如,元宵节舞龙舞狮、清明踏青、端午赛龙舟、中秋火龙、重阳登高等已成为多个民族传统节日里的庆祝活动,男女老少自觉参与到游玩活动中,增添了节日的喜庆气氛。原生态的民俗信仰活动是人们祭祀祖先神灵和庆祝农耕丰收的主要形式,能表达人们的祈盼与喜悦。在科学比较落后、崇拜普遍盛行的早期农耕时代,人在神秘的自然界面前既无知也渺小,渴求丰收、祈求风调雨顺的心愿只能寄托于神灵的庇佑,巫师的巫术表演就是典型的祈愿方式。比较著名的信仰类的民俗体育活动有福建莆田湄洲的妈祖民俗体育。妈祖是中国沿海地区及东南亚国家华人华侨中最具影响的海上女神,妈祖文化的核心是立德、行善、大爱、和平。妈祖民俗体育是妈祖文化的重要组成部分,是弘扬妈祖精神、传承民族文化、凝聚全球华人、促进经济发展不可或缺的手段。[①]在中国大陆、港澳台及华人聚集的地区,妈祖民俗体育活动的开展都比较普及、活跃。又如,在云南哀牢山南涧县虎街山神庙举行的大祭活动"十

[①] 黄亦琳.妈祖民俗体育现状调查与发展对策研究——以福建莆田湄洲妈祖民俗体育为例[D].重庆:西南大学,2014.

二兽神舞"中,十二个身披虎皮的巫师是统领兽王,率领十二圣兽登场,象征着纪日、纪月、纪年的神灵降临。兽王威风凛凛,腾空跳跃,追逐群兽;群兽不堪攻击,四处逃窜,只剩下人们崇拜与敬畏的虎神兽保护他们的平安。彝族的虎图腾崇拜、蒙古族的雄鹰崇拜、纳西族的金蛙崇拜、傣族的孔雀崇拜等都是信俗类民俗体育活动,这些少数民族所崇拜的动物就是族人们的保护神,保护人们和乐、平安、健康、顺利。另外,替人祛病的放风筝、上刀山下火海、祭祖和丧葬时驱鬼的"巫术"、感谢天神的磨秋等活动都是人们寄托精神信仰的民间民俗体育活动方式。

总之,从宗教信仰的角度来说,民俗体育的宗教信仰功能弥补了科学力量不足的缺陷,人们普遍借助宗教仪式和信仰来获得心灵的慰藉,把祛病消灾、百业兴旺、丰收祈愿、平安稳定等不同的精神诉求寄托于民俗活动中。可以说,人们的信仰对民间民俗体育活动的影响是不可忽视的,对民俗体育的发展起了推动作用。

3.健身健心功能

民俗体育依托于身体运动形式来表达人的生存状态与精神信仰,展现出其质朴性的特质。① 早期人类的生存状态与需求较为简单,在自然界中只以生物体延续生命的"活着"为存在状态,但生活很艰苦。他们具备简单的生活技能,走、跑、跳跃、投掷、爬越等是主要的活动方式,这些生存技能又被无意识地传授给下一代;同时,在与自然、野兽的搏斗中,他们又逐渐学会了采摘、捕鱼、狩猎、打斗等技能。这些技能虽简单,但确实能增强人体的多项素质,如灵敏度、耐力、力量、速度,能提高人体机能,能增强人的自然属性。劳动创造了人类,人类在劳动实践中创造了越来越复杂的民间体育活动形式,如秧歌、采茶舞、花鼓灯、放风筝、摔跤、抢花炮、

---

①王敬浩,周爱光.民俗体育对身体和谐的建构——谈民俗体育的发展逻辑及其现代道路[J].武汉体育学院学报,2008,42(10):15-19.

打草球、叼羊、骑射、划船、赛龙舟、珍珠球等名目繁多、具有地域特色的民间运动项目。这些项目中,有些项目直接以生产、生活工具作为活动工具,如用板凳表演的板凳龙、用扁担打的打草球等。打社火是流传于南京市溧水区柘塘镇一带的民间舞蹈,具有锻炼身体爆发力和有氧耐力的作用;马灯舞流传于溧水明觉镇东全行政村前堡自然村一带,具有锻炼身体柔韧性和协调性的作用;板凳龙流行于江西省奉新县万庄村,龙头、龙身、龙尾有九十多节,再加上鼓乐号角人员,需要一百多人才能组成舞龙队伍。板凳龙游玩时间长、巡游路程远,能很好地锻炼人们的力量、速度、灵敏度、耐力等多项素质,而且舞龙的技巧性很强,需要人们花很多时间进行训练,人们要有团队合作意识、意志力、奉献精神等品质才能顺利完成表演。现代的舞龙表演的动作在奔跑、跨跳、起伏、左右摇晃的基础上,又增加了很多具有创新性的高难度动作,像劈叉、双人重叠、滚翻等,这些高难度动作对表演者的身体素质要求更高,舞龙表演者需要花费更多的时间进行训练,他们的身体素质得到提高是必然的结果。在锣鼓齐鸣、振奋人心的欢庆氛围中,观众们看着活力四射的大龙飞舞腾跃、欢快蹦跳,时而猛然来一些重叠、滚翻等高危险动作,不时发出欢呼喝彩声。舞龙表演的过程中不断出现高潮迭起、精彩纷呈的场景,人群也跟着快乐的节奏自由蹦跳,手舞足蹈,节日的喜庆气氛格外浓厚。人们通过这种愉悦的方式不仅调节了身心,而且促进了人与人之间和睦团结的关系。集体性的大型表演活动调节身心的功能较为明显,小型的民俗活动也能体现民俗体育对人们身心的调节功能,如我国先秦时期盛行的民俗活动——追傩。追傩是一种祭祀行为,主要目的是驱鬼,具有"娱神"功能;到明朝,追傩已经发展演变为"驱疫鬼"仪式,形成了"消百病"的活动,其功能是"娱人",关注个体人的身心健康。民间的许多民俗体育活动通过参与者的身体作用来达到直接而明显的健身效果,能普遍提高人的身体素质;"娱神""娱人"的民间民俗活动,寄托了人们普适性的精神愿望,使人们获得心灵慰藉。

民俗体育在人类进化、发展的过程中,传承了人类的运动技能、劳动技能,提高了人在自然界中的适应能力;共同的心理需求、爱好又促进了人类的和谐共处。民俗体育以人的生存、健康与发展为基本依据,以地理、气候、生态等自然环境为条件,以遵守社会规范为追求精神自由的前提,最大限度地张扬着主体的个性,体验着身、心、宇宙最完美的和谐,从而使人获得掌握自主权力的满足感并最终构建出具有内在和谐之美的身体。①

4. 传承功能

我国是个多民族国家,农耕文明历史悠久,习俗复杂性、人文生态多样性、地域环境差异性、气候多变性等因素影响了人们的心理、生活状态,使得民间风俗、民间生活方式多种多样,人们的活动方式也丰富多彩。人们在生产、生活中创造的活动、娱乐方式更是精彩纷呈。

从自然地理环境的角度来说,生活在高山上的狩猎民族创造了叼羊、骑射、摔跤等粗犷豪放的运动形式;生活在平原上的以农耕为主的民族在劳动之余创造了抢花炮、打草球、舞龙、舞狮等细腻、婉约的运动形式;生活在水域的以渔业为生的民族则创造了赛龙舟、珍珠球等运动形式。②

民俗体育满足了人们的多种需要并在历史的积淀中产生和发展起来。今天,人们把民间的这些各种各样的运动和游戏统称为"民俗体育"。民俗体育依附于生产劳动、民间礼仪、岁时节令、宗教信仰等活动,以物质或文化的状态存在,经过几千年的发展,以口头、习俗、信仰的形式在民间传承,至今依然是民间进行庆祝、祭祀、祈愿等活动的表达方式。

---

① 王敬浩,周爱光.民俗体育对身体和谐的建构——谈民俗体育的发展逻辑及其现代道路[J].武汉体育学院学报,2008,42(10):15.
② 王敬浩,周爱光.民俗体育对身体和谐的建构——谈民俗体育的发展逻辑及其现代道路[J].武汉体育学院学报,2008,42(10):17.

随着时间的推移、空间的变化,人类自身发生了改变,民俗体育从内容到形式也发生了变异,在变异中得以传承,并更趋于完善、丰富。

龙舟竞渡又称"赛龙舟""划龙船""龙船赛会"等,是我国古老而传统的民间民俗体育项目,是具有浓郁的传统民俗文化色彩的群众性娱乐活动,已成为各地端午节的约定俗成的重要活动项目。龙舟竞渡的广泛盛行与中国人对龙的信仰有关。龙是中国等东亚区域古代神话传说中的神异动物,为鳞虫之长,常被用来象征祥瑞,是中华民族及东亚民族最具代表性的传统文化形象之一,包括龙的传说等在内的龙文化非常丰富。我国古代的人们把龙神化,奉龙为水神、虹神,说其春分登天,秋分潜渊,能呼风唤雨,是降福消灾的神兽。《婺源县志》载:"农历五月初五端午节……县城和部分沿河的大村庄,进行划龙舟的娱乐活动。"① 据民俗学家江绍原考证,龙舟竞渡活动最初为送标禳灾的祭祀活动。龙舟竞渡这天,士民戴五色线、点雄黄、悬艾、踏百草以"躲五日之恶"。该习俗发展至后期又被加入了纪念人物与祈求福祉的内涵。② 到了汉代,"龙舟竞渡"成为纪念屈原的一项重要的民俗体育运动。

再看看我国其他民俗体育项目的传承情况。海洋民俗体育是海岛风俗文化之一,反映了渔民的性格与喜好,广泛的群众性使其得以传承。民间谚语说"不会拉弓,算不上豪杰"。锡伯族正是由于家家有弓箭,常常有训练,世代相传,因而培养出许多优秀的射箭运动员。哈萨克族、蒙古族、藏族牧区的孩子从小就会骑马,年龄稍长后便成为技艺娴熟的好骑手。生活在海岛的儿童都会游泳、划船。海岛人民在日常生活中搏击风浪、捕鱼劳作,休渔期则有海边织网、缆绳抛准、攀缘绳索、船头套缆、捡泥

---

① 王振忠.徽州社会文化史探微——新发现的 16—20 世纪民间档案文书研究[M].上海:上海社会科学院出版社,2002:152 - 153.
② 王若光,孙庆祝,刘旻航.中国岁时民俗体育逻辑起点的符号学考察[J].上海体育学院学报,2013,37(6):1 - 6.

螺、搬重物接力等民间民俗体育项目。"龙聚东海""碧海莲缘杯"等全国舞龙邀请赛、素有"海上高尔夫"之称的海钓、海岛民间民俗体育大会等一届接一届地开办。①

民俗体育是我国在数千年农耕文明史的发展进程中积淀的乡土艺术瑰宝,起源于早期人类对神灵的崇拜、祭祀、庆典活动,依附于民俗活动,主要以口传身授的方式进行传承。随着人类的进步、科技的发展,民俗体育呈现出动态传承的特性,在传承中发生变异,在变异中保持着人们共同的心理趋向、共同的民俗精神。民俗体育促进了人类的进步,有利于民族团结、社会安定,同时也保留了民俗体育的本质特征。

5. 社交功能

社交行为是通过人际沟通改变个体与他人之间关系的行为,是心理健康与社会适应的主要指标。② 民俗体育以礼俗、娱乐等形式作为人们的社交渠道,在时间、场域或特殊情况下,为人们提供互动机会,满足人们不同的交往动机、心理需求。例如,武陵地区恩施土家族女儿城的民俗相亲活动女儿会是该地区特有的风俗习惯,是蕴含着浓浓的土家风情的爱情盛会,被誉为"东方情人节"或"土家情人节",是土家族人民自己的七夕节。相传,土家女儿会源于明朝末年,距今已有400多年的历史。喜庆繁华而又朴素典雅的女儿会为土家族青年男女提供了互相认识、自由结交的机会,其主要特征是以歌为媒,自主择偶。一年一度的女儿会至今都是土家族妇女追求幸福的互动模式。1995年,恩施土家族苗族自治州开始将女儿会打造成当地的特色文化项目。发展至今,女儿会已经成为融传统节日、民俗文化、经济商贸、旅游休闲于一体的综合性民族盛会;该地

---

① 黄国平,黄永良. 海洋民俗体育功能及发展动力机制的研究[J]. 浙江体育科学,2008,30(4):65-67,115.
② 贾凤芹,陈双,冯成志. 性别角色对大学生社交行为影响[J]. 中国公共卫生,2014,30(3):260-262.

区成了古老的巴文化、楚文化、神秘的土司制度文化、土苗民族文化等共融的民族文化中心。[①] 采茶舞是广泛流传于我国多个民族的民间传统歌舞,有三门石马采茶舞、崇左采茶舞、玉林采茶舞、杭州采茶舞、开化采茶舞、赣南山区采茶舞等。三门石马采茶舞源于元末明初,盛于清、民国,传承至今。每逢新春、元宵佳节,族人都要举行采茶活动,欢庆丰收,祈求风调雨顺、国泰民安。崇左采茶舞,其内容以反映壮族人民的生产、生活、爱情为主旋律。采茶舞是由当地群众组织采茶队来排演的,扮演人物有茶公、茶娘、歌伴、书生或财主等。中华人民共和国成立前,采茶舞中的茶娘由男演员装扮。中华人民共和国成立后,妇女参加了采茶队,茶娘由女演员扮演,每队的演员也由当初的5人左右增加到20至30人,表演场地从在竹单搬到了大舞台。玉林采茶舞是玉林市民间的自娱性舞蹈,通常歌舞结合,一般由一男二女表演。春节期间,玉林的许多地方几乎无村不唱,无圩不舞。杭州采茶舞是浙江省杭州市茶乡的传统歌舞,内容丰富,动作优美。各地的采茶舞虽略有差异,但总体上都与采茶劳动密切相关。不同地缘、不同亲缘、不同业缘关系的人通过采茶舞认同了的茶文化的价值观念。吉登斯认为:"传统是认同的一种载体。无论这种认同是个人的还是集体的,认同就意味着意义。"[②]

民俗体育通过民俗的共同参与的多种活动搭建起人们认识、情感、思想、心理的沟通桥梁,促进人们进行交往和信息沟通,使人们摆脱灵魂上的无助与孤独感而获得精神共鸣、心理趋同、意识相近,从而协助更多的人融入群体、社会,以利于各民族的团结与繁荣发展。

---

① 张辉,王斌,杨海晨,等. 旅游与传统再造:女儿城民俗体育的人类学视角[J]. 武汉体育学院学报,2015,49(1):15-19,54.
② 安东尼·吉登斯. 民族、国家与暴力[M]. 胡宗泽,赵力涛,王铭铭,译. 北京:生活·读书·新知三联书店,1998:12-13.

6. 人的社会化功能

人的社会化就是人由"生物人"变为"社会人"的过程。个体学习群体和社会的文化,发展各自的社会性,把自己整合到群体中去的过程就是人的社会化。① 在人的社会化过程中,民俗体育通过劳动、仪式、娱乐活动等途径,通过长辈或他人的口头传授、说教沟通、行为影响、情绪感染等方式,达到对人或人群进行生存技能的传授、社会行为规范的养成、共同社会价值观的培养、群体活动的融入、社会角色认同等目的,最终促进人的社会化。如远古农耕文明时期的跑、跳、投、攀爬、射击、骑马、角力游戏等直接体现了人类的生活技能和谋生手段,人们在劳动、活动中进行直接传授与习得。一些游戏可以是个人的、小团体的、大型的,如掷沙包、踢毽子、龙舟竞渡。这些游戏要求参与者共同遵守规则,能很好地规范人的社会行为。

仪式在民俗学、人类学中是最古老、最普遍的社会现象之一,是原生态民俗体育在民间呈现的普遍方式,如婚俗礼节仪式、祭祀仪式、驱鬼仪式、祭奠仪式。人们通过惯例或在选定的日子里运用形体语言和器物等举行仪式,实现人们共同的民俗生活愿望。如蕴含古老闽南民俗文化的"三公落水操"仪式,流传于长泰岩溪镇,现今已是福建省非物质文化遗产保护项目。三公落水操是为了纪念抗元英雄文天祥、张世杰、陆秀夫为国捐躯而举行的仪式,颂扬了三公的崇高气节。今天的三公落水操蕴含了叶氏宗族认同的族群文化,经历了多年的社会历史变迁,仍能以原始形态呈现在现代人的眼前,成为相对稳定的仪式形式。它是硅塘叶氏族人信仰观念的一种表演性的实践活动,已经成为硅塘村落心理和行为的集

---

① 常毅臣,温波.人的社会化与体育功能的扩展研究[J].甘肃社会科学,2006(4):127–129.

体习惯。① 在晋南地区即山西省南端的临汾、运城地区,社火表演历史悠久、项目繁多,其中的翼城花鼓已被列入国家级非物质文化遗产保护名录。《辞源》对"社火"的解释是"节日迎神所扮演的杂戏、杂耍"。春节期间,晋南地区的村庄有自发组织闹社火的习俗,目的是祭祀社神和火神,祈求平安、丰收、顺利。随着人们需求的多元化,社火活动的内容和形式也越来越多样化,有踩高跷、跑旱船、龙灯、扭秧歌、抬花轿、腰鼓、武社火、舞龙、舞狮、花鼓、花棍等几十种,现今又融入歌舞、秦腔艺术,娱乐健身性增强,男女老幼人人爱参加。晋南社火表演不仅在社会上普及,还在各级各类学校中普及,既成为孩子们的健身娱乐项目,又让孩子们接受了传统文化教育,还对民间传统文化进行了传承。在2008年运城盐湖区的元宵节社火表演中,中小学生表演了花棍、扇舞、花鼓等节目。

民俗体育活动融信仰、娱乐、杂技、艺术于一体,是中华民族数千年的文化、心理积淀,吸引全民参与,对建构社会秩序、弘扬民族精神、增强群众凝聚力、树立社会新风尚、促进人的社会化等具有不可替代的作用,是人的社会化的实践途径。

7. 政治功能

政治参与体育事业的主要形式即制定、发布各项体育政策。可以说,体育政策就是国家体育政治的真实反映。② 2011年,国家在《全民健身计划(2011—2015年)》中指出:"传承发展民族民间传统体育。重视民族民间传统体育项目的发掘整理和传播推广工作,弘扬民族传统体育文化。"这说明民俗体育、民间传统体育已被提升到国家政策层面的高度,得到了

---

① 李丽. 闽南民俗信仰仪式中的原生态民俗体育研究——以岩溪硅塘信仰仪式"三公落水操"为例[D]. 厦门大学,2009.
② 李婧. 体育政治"融合"下体育发展的路径[J]. 当代教育实践与教学研究,2015(7):274.

国家的重视,将获得新的发展机遇。从政治角度来说,民俗体育活动的开展有利于维护社会稳定,如集体性的传统运动项目舞龙、舞狮以及端午节盛行的龙舟竞渡等都是中华大地上人们共有的民间习俗,表达了人们共同的愿望。人们在快乐的氛围中欢度节日、享受生活。集体活动感化、调教人们遵守社会规范。从一定程度上来说,这比用法律维护社会稳定更有效。梁治平认为,在旧社会,法律是用不上的,社会秩序主要靠老人的权威、教化以及乡民对于社区中规矩的熟悉和他们服膺于传统的习惯来保证。① 从历史角度看,民俗体育在我国朝代的更迭中也发挥过重要作用。如安徽凤阳的凤阳花鼓在明朝获得了极好的发展机遇,享誉民间,成为家喻户晓的民俗体育表演项目,深受民众喜爱。而在明末,凤阳花鼓则成了起义军收买人心的文化软手段。明末,李自成的起义军提出"均田免赋"等口号,获得了广大人民的赞同,然后又改编朱元璋家乡的歌谣进行舆论宣传,诋毁朱元璋的政绩、形象、名誉,改编后的歌词是:说凤阳,话凤阳,凤阳原是好地方。自从出了朱皇帝,十年倒有九年荒……同时,起义军又编写歌谣,美化闯王李自成,鼓动人们支持起义军,如"开了大门迎闯王,闯王来时不纳粮"等,还派人扮成商人、流民,走乡串户,教人传唱,谩骂明王朝腐败,赞美李闯王,以收买人心。凤阳花鼓被传唱,被发扬光大,只是唱词已被居心叵测之政客改编,政治目的明显,政治色彩浓厚。无独有偶,清初,反清复明势力在民间举行恢复明朝汉族政权的运动,清兵在金门攻打南明鲁王朱以海时,带千余人的花鼓队大唱凤阳歌,谩骂朱皇帝:"恨只恨朱皇帝,做什么皇帝?害得我凤阳府,十个有九个出来打花鼓……"凤阳花鼓再次走上历史舞台,成为政治舆论工具,只不过这次是为统治阶级的政权服务。

---

①梁治平.乡土社会中的法律与秩序[M]//王铭铭.乡土社会的秩序、公正与权威.北京:中国政法大学出版社,1997:417.

近年来,国家积极推进新农村建设和城镇化建设,公共体育设施得到极大改善,民俗体育成为人们休闲、娱乐、健身的主要方式之一。一方面,这是由于人们的休闲时间增多、健康意识增强;另一方面,随着全球一体化、信息多元化进程的加快,竞技体育项目也冲击着农村人的视觉和听觉。中西体育文化的交流与融合是发展趋势。在中西体育文化的博弈中,我们要把地域性、民族性的民间体育元素融入广场舞和健身操中,发挥中华民族传统文化的魅力。民俗体育活动回归乡村人的日常生活,能给人们的心灵带来归属感;人们参与民俗体育活动,能在以实际行动践行全民健身计划纲要的同时增强对民族文化的自信心。

8. 教育功能

体育是教育的组成部分,民俗体育的教育功能主要体现在技能教育、礼仪教育、尊老爱幼教育、伦理道德教育、宗族礼俗教育、忠贞爱国教育等方面,可使人实现由"自然属性的人"向"社会属性的人"的转变与发展。教育学中关于"狼孩"卡玛拉的研究说明,完全脱离人类群体的人是不可能真正具备人的特质的。从这个角度来说,将体育理解为教育过程与人的社会化过程更为合适。民俗体育与教育相互渗透,在改造人的身体、精神、智力、情感和社会关系诸方面起到了举足轻重的作用,对建立现代人的价值观念、思维方式、情感方式、生活方式都是卓有功效的。[①]

爬杆、采摘、打石子、摔跤、骑马、格斗、射箭等劳动技能的习得是民俗体育原始的教育功能。人们世代口传身教,这些劳动技能提高了人们的生活质量、生产能力与技术水平,提高了人类的整体生存能力。至今,蒙古族还保留和传承有摔跤、赛马和射箭的"男儿三艺"习俗。饮食、居住、礼仪等许多方面体现着民俗体育的教育功能。回族信仰伊斯兰教,有严格的教义规定。伊斯兰教讲究仪表礼仪、吃饭礼仪、喝水礼仪、服饰礼仪、

---

①卢元镇.中国体育社会学评说[M].北京:北京体育大学出版社,2003(1):184.

装饰礼仪。回族男性一般戴白色或黑色、棕色无檐帽子,即礼拜帽,女性戴丝绸制成的盖头;在饮食上,回族禁食猪肉、自死禽畜、爪子锋利的飞禽和兽类,喜爱饮茶;在结婚习俗方面,回族选择主麻日举行婚礼,并请阿訇念尼卡。甘肃土族的婚礼仪式十分有趣,具有鲜明的地方特色。男方娶亲时,女方村庄的妇女们故意"守门"不让开,阻止娶亲人进入并向娶亲人泼水。男方要冲破阻力推开门。在相持阶段,娶亲人要同她们对唱才能进门。甘肃省肃南裕固族自治县裕固族的饮食习俗是"一日三茶一饭",且以乳制品为主。这些习俗使人们形成了心理趋同性,利于人们形成团结友爱、共同奋进的民族豪情。

在学校教育尚未普及的时代,民间教育的主要途径之一是举行民俗体育活动,其中的很多活动都需要众多的村民自愿参与,如板凳龙活动。活动没有固定成文的程序,只能是人们"按照记忆,按照以前的模式和习惯"组织活动。"以前的模式和习惯"成了人们"共同遵循的价值观念和行为准则"。还有一些易组织、灵活性强的民俗体育项目,如掷沙包、打陀螺、沙滩下棋、沙滩自行车、绕岛赛船、踢毽子,也是没有规则、没有裁判的,人们按照默认的惯例,互相承认比赛结果,输赢分明,人人恪守不渝。这些约定俗成的惯例对参与的民众有着极强的伦理道德约束力,对人们的行为准则有着极强的规范性。

我国历史悠久、民族众多、地域宽广,各地区、各民族的生活习性各不相同。在民俗体育活动中,人们体会到集体荣誉感,感受到团队精神,在快乐的氛围中学习各种技能。民俗体育以身临其境、耳濡目染的方式让人们接受多种教育。

9.经济功能

从经济角度来说,民俗体育旅游经济开发是盘活区域经济的重要途径,大力建设生态旅游硬实力、文化旅游软实力是民俗体育发挥经济功能的主要策略。民众积极且乐于参与一些竞技性强的民俗运动项目如抢花炮、珍珠球,形成集会,能促进经济、商贸的交流与发展。在乡土经济形态的开发中,民俗体育项目表演,特别是少数民族地区的民俗体育项目表演,是重要的乡村旅游资源,能吸引游客,增加民间旅游的魅力。同时,"民俗体育项目搭台,唱经济大戏"已是各地举办旅游节的主题活动。比如,凤阳县旅游局承办的"中国·凤阳花鼓文化旅游节"通过"敲凤阳花鼓,唱经济大戏"的主题活动,推动凤阳花鼓从地方民俗向文化产业转变,再上升成为一个知名的文化品牌,提高了旅游节的知名度,拉动了地方经济的发展。"民间庙会搭台,经济唱戏"是民俗体育旅游资源开发的又一形式,其目的也是获得更好的旅游经济效益。南京夫子庙,也称"南京孔庙""南京文庙",是我国最大的传统古街市,古建筑群规模宏大、闻名遐迩,也是秦淮风光带的重要组成部分,现已成为著名的开放式国家AAAAA级旅游景区、蜚声中外的旅游胜地。南京的民俗体育项目大都与秦淮河的水有关,如秦淮河上的龙舟竞渡、金陵"三帮"龙舟。南京还结合景点旅游打造民俗体育品牌——新四十景,充分发挥民俗体育资源这把"金钥匙"的作用。妈祖文化的发源地在福建莆田湄洲岛。湄洲岛以妈祖文化为基石,形成"文化搭台,经贸旅游唱戏"的格局,打响文化旅游品牌。妈祖民俗体育旅游经济圈就是发掘利用"妈祖文化体系"以妈祖信俗为纽带,与国际性的民俗体育旅游有机融合而形成的产业。民俗体育旅游搭台,经济唱戏,促进两岸三地和全球妈祖文化信仰区的民间体育文化交流,做大做强妈祖文化及体育产业,使得区域经济规模与量都能得到长足发展。[1] 民俗体育旅游资源与各地的景区融合发展,形成具有区域特色的民俗体育旅游经济,在此基础上,我们再搭建旅游经济圈招商引资平台,拓展市场,发展融资项目,带动食品餐饮行业的发展,从而以多

---

[1] 郑高翔,杨少雄.构建妈祖民俗体育旅游经济圈的方略——以福建莆田湄洲岛妈祖为例[J].福建体育科技,2015,34(3):9-11.

种形式进行经济创收。在开发民俗体育旅游经济一条龙的经济链中,政府、开发商之于经济收益的诉求,从业者之于文化提升、经济能力与自信心的诉求和旅游者之于文化凝视的诉求共同促成传统的再造,其核心是浓郁的利益驱动。"民俗体育旅游的实质是基于经济利益驱动下传统再造。"①

《全国乡村旅游发展纲要(2009—2015年)》提出,到2015年,我们要力争实现乡村旅游接待人数7.71亿人次,收入1145亿元,直接就业989万人,间接就业3680万人,旅游从业农民人均年纯收入增长5%。在民俗旅游经济发展这只"看不见的手"的牵引和文化产业政府组织与政策引导这只"看得见的手"的助推下,民俗体育旅游经济功能将永葆优势发展的潜力,且经济功能发展前景广阔。

10. 文化功能

《国家"十一五"时期文化发展规划纲要》指出:"文化是国家和民族的灵魂,集中体现了国家和民族的品格。文化的力量,深深熔铸在民族的生命力、创造力和凝聚力之中,是团结人民、推动发展的精神支撑和有力保障。五千年悠久灿烂的中华文化是中华民族生生不息、国脉传承的精神纽带,是中华民族面临严峻挑战以及各种复杂环境保持屹立不倒、历尽劫难而百折不挠的力量源泉,而且中华文化同时也为人类的进步做出了巨大的突出的贡献。在开创中华民族美好未来的历史进程中,文化既为经济社会全面协调发展提供强大的精神动力,也是经济社会发展的重要内容。"民俗文化为繁荣和发展社会主义先进文化、树立民族自信、振奋民族精神,为实现全面建设小康社会宏伟目标、构建社会主义和谐社会提供了重要的思想保证和精神动力。"人类有两种文化:一种是写字的文

---

① 张辉,王斌,杨海晨,等.旅游与传统再造:女儿城民俗体育的人类学视角[J].武汉体育学院学报,2015,49(1):15-19,54.

化,一种是说话的文化。世界上许多国家的传统民族节日都属于说话的文化。"① 民俗文化属于人类文化中的说话文化。在传统民族节日的说话文化中,民俗体育以音乐、舞蹈这种文化至高境界的表达形式震撼人的心灵,传达一个民族在长期发展过程中逐渐形成的、具有特定象征性的固定的民俗含义的民俗文化。这种文化不断被民族群体所认同,而且还逐渐形成了地域文化的文化惯性。文化惯性即既定文化形成后,处于这种文化背景下的人们共同遵循的价值观念和行为准则,以及这种文化作用于人们实践活动的内在力量。② 例如,南京民俗体育作为金陵文化的亚文化的民俗体育文化,具有"秦淮享乐"的娱乐性、"多方元素"的健身性、"武舞相融"的竞技性和"节令岁时"的原生态性等文化特征。③ 瑶族的长鼓舞融民俗、体育、舞蹈、音乐于一体,是瑶族人在传统节日、庆祝丰收、乔迁或是婚礼喜庆的日子里进行的群众性文娱活动。长鼓的击鼓动作大多表现生产、生活内容,如建房造屋、犁田种地、模仿禽兽的动作等,形象生动,富有生活气息。舞蹈动作模仿上山落岭、过溪越谷、伐树运木、斗龙伏虎等,形象生动,一看就懂。长鼓舞文化渗透于民众的日常生活中,反映了瑶家人的生产斗争和生活习俗、思想感情和理想愿望,具有独特的瑶族风格,承载着瑶族人的传统精神,提高了民众共同的文化认同感。

  具有特定地域文化氛围的民俗体育文化以各地的民俗体育运动作为外在表现形式,表达人民大众的思维模式、行为方式、沟通需求、语言习惯等。民俗体育文化从体育与民俗动态的交融方式以及人们的切身感、生活感与地方感这三个维度进行传播与传承,达到多民族传统文化的相互交融、相互渗透,丰富了民族传统文化的内涵,显示出文化对于提高民族

---

① 董晓萍. 节日里的说话文化[J]. 今日民族,2004(3):44-47.
② 罗满元. 浅论文化惯性与体制创新[N]. 湖南日报,2012-2-20(6).
③ 高亮,麻晨俊,王力伟. 南京民俗体育的特征、分类及其传承研究[J]. 南京体育学院学报(社会科学版),2015,29(1):16-20,40.

凝聚力、创造力的重要性。总之,我国几千年的民俗体育文化以其独特的群众性、集体性、娱乐性、仪式性、观赏性吸引民众参与其中,是增强民众心理凝聚力、维护民族团结与稳定的纽带。民俗体育文化以其深厚的文化内核呈现出民俗文化古老的气息,以其潜移默化的宣教功能沉淀于民族文化中并融入民众的社会生活中,承载着优秀的民族精神,满足了民众享乐、沟通、交流的需求。

第五节　民俗体育价值

"越是民族的,就越是世界的。"在全球一体化发展的今天,民族精神、民族品格、民族的优秀传统文化等显示了一个民族最本真的特色与神韵,代表民族的精髓、灵魂。在我国悠久的农耕文明发展史中,各民族的日常"生活文化"是我国特色文化的重要内容,是世界文化体系中具有深厚的文化底蕴的独特的中国文化。我国民间的民俗体育活动是民间"生活文化"的源泉,具有多元价值体系。

1. 强身健体与娱乐价值

民俗体育最初的价值体现在强身健体方面。在原始的自给自足的社会中,人们在日常生活中运用的采摘、攀爬、捕鱼、狩猎等古老而朴素的生活技能和谋生手段增强了人体的协调性、灵敏度、力量素质。民间的各种乡土活动经过一代又一代人的传承与演变,不但项目繁多、各具特色,而且男女老幼都喜爱,逐渐演变为具有启蒙作用、模式化的民俗体育活动。舞龙、舞狮、放风筝、拔河、摔跤、踢毽子、跳绳、打陀螺、踩高跷等民俗体育活动得到广泛普及,开展起来也较为简单,规模可大可小,形式多样,轻松活泼,参与者、观赏者情绪热烈奔放,让人在这种身体活动中感受到快乐,愉悦的情感又促使人们更喜爱民间乡俗活动。

现阶段,我国城镇化建设发展迅速,城市中出现了"城中村"现象。实际上,"城中村"的居民的生活方式和市民的生活方式是一样的,但其仍然具有农民的思想意识。[①]"城中村"的民俗活动越来越丰富,娱乐性越来越明显。南村是福建沿海地区一个地级市的城中村,每年都有名目繁多的大型节庆性祭祀活动,这些祭祀活动是农民们单调生活中的狂欢盛会。南村主要的民俗祭祀仪式性活动有正月十五闹元宵、正月二十游灯、三月三的妈祖生日出游、五月五的端午节赛龙舟、九月九的妈祖升天出游。这些祭祀活动包含内容丰富的身体活动内容,如摆棕轿、车鼓队、游灯、皂隶舞、踩高跷、弄龙、舞狮,真是"金鼓齐鸣,弦歌达旦,灯月交辉,游人如醉",乡土风情分外浓郁。[②] 民俗体育自古至今满足了人们健身、娱乐的需求,以健身活动促进人体的成长和发育,强壮人的身体;以休闲娱乐方式吸引着越来越多的人参与进来,使人与人之间的情感联系更为紧密。

2. 保持民族文化价值

民俗体育文化指的是民众(民间)的原生态的体育文化。李泽厚先生在《中国古代思想史论》中指出:"贯穿于中国文化发展始终的儒家、道家思想,莫不来源于先秦时期民间文化的滋生繁养。"民俗体育文化是民间文化的重要组成部分,其突出特征是对民间群体起"民俗教化"的作用,使群体对其本民族的文化从心理上接受、认同。例如,龙舟竞渡发源于人们对龙图腾的崇拜,发展到了汉代,成为纪念屈原的一项重要的民俗体育运动。由于屈原是一位凝聚着中国传统伦理道德和价值观念的著名历史人物,通过纪念屈原的活动,子子孙孙的认同感得以更好地实现,人们产生了强烈的民族自豪感和自信心,在一定程度上增强了民族的向心

[①]朱家新,常德胜."城中村"居民体育休闲娱乐研究[J].上海体育学院学报,2012, 36(1):36-42.

[②]黄国华.莆田文化丛书:妈祖文化[M].福州:福建人民出版社,2003:60-62.

力、凝聚力和号召力。① 不同民族的风俗不同,文化也存在差异,且不能互相代替。没有文化的民族性,就没有彝族崇拜虎图腾、蒙古族崇拜雄鹰、纳西族崇拜金蛙、苗族崇拜孔雀这样的文化多样性。

20世纪90年代以后,全球一体化进程加快。面对建立在强大的经济基础上的西方文化,特别是美国式的快餐文化,要想保持我国的文化特色、文化价值,使我国文化不被西方的强势文化所"同化",我们就要充分发挥我国数千年的民俗体育文化的作用。民俗体育文化是人民大众的"生活文化",是最能体现我国民众的民族信念、民族精神、价值观念、伦理道德的文化传统。今天,我们要在非物质文化遗产的保护政策下,本着"没有民族性就没有世界性,没有本土性就没有全球性"的信念,尽力保护、传承我们祖先留下来的这份珍贵遗产,使之发扬光大,被人类共享。

3. 传承价值

我国几千年的民俗体育的传承价值体现在文化传承、活动传承两方面。我们要通过历史传承、现代传承两种方式,使民俗体育的文化内涵更丰富,特色更鲜明,活动项目的地域性、民族性特征更加浓厚而稳定。民俗体育的传承价值还体现在:将民族特色文化作为我国独特的精神财富,使我国的传统文化在文化全球化浪潮中依然保持我们自己的文化特色,在世界文化之林中依然璀璨、醒目。民俗体育的诞生依赖于人们的生活环境和生存条件;民俗体育又依附于民俗事象而获得传承,国人总是在喜闻乐见的传统生活方式中继续发扬和完善祖先创造的活动项目。如我国北方的草原文化、渔猎文化跟北方的地域条件相吻合。内蒙古草原,尤其是以北部呼伦贝尔为中心的大兴安岭西麓林缘草甸草场,是中国最佳的天然牧场之一。一望无际的绿色草原造就了北方游牧民族的放牧生活。骑马是牧民的生活技能,骑射是他们自己的民俗体育项目。风干牛肉、干

---

① 张选惠. 民族传统体育概论[M]. 北京:人民体育出版社,2006:20.

奶酪、马奶酒、麦饭石、奶片、奶茶、酥油茶、羊奶酒是草原上的特色饮食，蒙古袍是草原上的特色服饰，都无可替代地传承至今。北方的河流、湖泊很多，有松花江、图们江、鸭绿江、黑龙江、嫩江、乌苏里江、呼伦湖和贝尔湖等，水利资源条件优越，渔业资源十分丰富，这种资源优势成就了北方游牧民族的捕鱼文化。捕捞活动，尤其是冬捕，在古时是谋生手段，在现阶段则是一种文化传承形式。

民俗体育是一种特殊文化，集传承、创新于一体，富含一个地区乃至一个民族在历史发展过程中创造的无可替代的文化内涵。集地域性、实用性于一身的民俗文化通过传承，既起到了促进社会的发展和文明的进步的作用，又保持了各民族民俗文化的持久性、不可更改性，使我国的民族文化在西方强势文化面前，依然保持着我国的文化特色。

4. 教育价值

民间民俗是使人们的心灵具有归属感的"精神家园"。民俗体育的教育价值主要体现在：通过民俗活动仪式培养人们的民族精神，弘扬民族精神，表现为对信仰的追求、对伦理道德的遵行、对社会行为规范的养成、对爱国情感的培养等。民俗体育的仪式不仅是一种集体记忆的容器，可以装载许多已变迁的文化内容，还可以改变自己的形式、内容和意义，以适应文化的变迁。民俗体育通过仪式活动的举办，把本地区、本民族过去的有关意象和有关记忆再现在人们的视野中，传达先人在实践活动中所总结出的精髓，维系人的信仰与社会的稳定与和谐。今天，民俗体育项目进社区、进学校、进广场、进村落是一种常态化现象。这些民俗体育项目通过象征体系的表演来表达行为背后的意义，且以"模式化＋创新元素"的行为来建构内涵更丰富、更深刻的意义，以期培养人们对我国传统文化的感情。各地风俗习惯具有较强的稳定性和区域性，各地的民俗体育也表现出鲜明的民族特征。民俗体育是民族精神的集中体现，对人们具有巨大的感召力和凝聚力。民俗体育文化的传承与交流促进了各族人民之间的情感交流,文化的交流、融合与发展促使人们保持积极向上的心态、传递共同的社会价值观,促进了各民族的团结、和谐。

在文化现代化、全球化发展的格局中,我国民俗体育文化的传统性更显示其内涵价值的宝贵。民俗体育承载的民族意识、民族文化、民族习俗、民族性格、民族信仰、民族宗教、民族价值观念和价值追求等共同特质,维系着中华民族的生存和发展,是中华民族生命力、创造力和凝聚力的集中体现,是中华民族敢为天下先、善为天下先、团结奋进、自强不息、共同发展的核心和灵魂,是我国传统文化屹立于世界文化之林的强大后盾力量。每个中华子孙都应尽己之力,接受我国民俗体育文化的教育,传承、发扬我们的传统文化。

5. 审美价值

带着浓郁乡土气息的民俗体育是集音乐、舞蹈、技巧、武术、杂技为一体的民间民俗活动,随着社会的发展,其表演中的美学价值越来越被人们重视,满足了人们更高的审美需求。民俗体育表演文化主要通过表象美(包括形体美、运动美、造型美、道具美、服饰美、物化美)、韵律美(包括音乐美、舞蹈美)、精神美(指人的内在品质和气质美,是动作、气质、道德品质、意志力和智慧等相互融合而产生的美)三个方面来表现日常的文化内涵、劳动和生活内容。民俗体育每一个项目的背后都蕴含一个动人的传说、神奇的故事或者美好的寓意,人们通过肢体语言,配合舞蹈、音乐,传达对英雄的崇拜之情、对先人的祭拜之情、对美好心愿的祈祷之情、对幸福生活的祝贺之情、对民族精神的捍卫之情等。在具体的民俗体育表演中,民俗体育项目的审美价值各有侧重,如蛟龙入水的表演能给人壮观的美感,麒麟狮象灯表现了运动美,叠罗汉表现了力量美与造型美,旱船表达出中华儿女勇敢顽强、努力拼搏的寓意美,等等。民俗体育通过艺术化的表演活动,使自身在传承中得到丰富和发展,同时带给人们身临其境的视觉冲击和美的享受,把民俗活动中所展现出来的多种美推向新的高潮，表达人们对生活、情感、思想和愿望的期许。美学价值使民俗体育从单一的民间表演艺术变成了富有艺术性和观赏性的民间活动，这对推进全民健身、促进民俗文化的传承、振奋民族精神、构建和谐社会有着不可估量的价值和意义。

6. 拉动经济增长

"一方水土养一方人"，在以农业为主的农耕时代，民间水土养育着土地上生活的人们。今天，民间水土以开放的姿态、以多种形式养育着开拓创新的新一代农民和创业者。"民俗体育搭台，经济唱戏"已成为民间经济开发的普遍模式，成为民间经济新的增长点。民俗体育以民俗风情为抓手，通过发展旅游业、加工业、文化产业、餐饮产业、服务业等产业，打造新的产业链，吸引多方投资，拉动内需，促进消费，扩大、发展市场经济，来推动民间经济的繁荣发展。如福建莆田的湄洲岛以妈祖文化为抓手，打造以妈祖信俗为纽带的妈祖民俗体育旅游经济圈，开发相关产业链，发展食品餐饮业、服装业、民俗体育用品业等，以多种形式进行经济创收，做大做强妈祖文化及体育产业，使得区域经济规模得到长足发展。

各地以具有代表性的民俗体育项目为重点开发对象，形成了内容丰富、形式多样、特色鲜明的旅游区、旅游带、景点区，形成了集会或旅游旺季，盘活了区域经济，进而提高了我国的整体经济实力。

第六节　民俗体育发展趋势

一、民俗体育与现代体育融合发展之趋势

民俗体育与人们的生产劳动、社会实践活动联系紧密，在纵向的时间发展上，表现出时序性的特征，满足了人们在不同历史时期的需求。随着全球一体化的快速发展，现代体育对民俗体育产生影响、对人们体育锻炼

兴趣产生影响已是不争的事实。在西方现代体育强势发展的今天,民俗体育与现代体育之间既存在冲突又存在融合发展的机遇。民俗体育与以竞技体育为代表的现代体育之间的冲突主要表现在竞争性、功利性上;与现代体育可融合发展则是由于其具有健身性、娱乐性等本质属性。

竞技体育是指在全面发展身体,最大限度地挖掘和发挥人(个人或群体)在体力、心理、智力等方面的潜力的基础上,以攀登运动技术高峰和创造优异运动成绩为主要目的的一种运动活动过程。竞技体育是一种制度化、体系化的竞争性体育活动,具有正式的历史记载和传说,以通过打败竞争对手来获取有形或无形的价值利益为目标,在正式组织起来的体育群体的成员或代表之间进行,强调通过竞赛来显示体力和智力,在对参加者的职责和位置做出明确界定的正式规则所设立的限度之内进行。[1]

竞争性是竞技体育区别于学校体育、大众体育、民俗体育的本质特征,竞技体育也因竞争性具有排他性。竞技体育也具有明显的功利性,具有明确的功利目的。参赛者在竞技体育比赛中取得胜利会获得多种形式的收益,而且,比赛结果产生于对抗之中,经过社会承认,结果产生直接而迅速,不容置辩。国内对竞技体育比赛和民俗体育活动的基本共识是:竞技体育属于体育活动,追求运动成绩的最大化,最大限度地发挥人体的能力,不断突破和创造优异成绩,其表现形式主要是在运动竞赛中分出胜负;民俗体育活动则多以自发的组织形式为主,没形成正规的制度和体系,其活动结果虽存在胜负之分,但不具有明显的排他性,也不存在明显的功利目的。民俗体育与现代体育融合发展的机遇是:民俗体育与现代体育的"现代化"都倾向于社会发展的"进步性",在促进人的身心健康、

---

[1] 卢元镇.体育社会学:第三版[M].北京:高等教育出版社,2010:200-201.

人格完整方面有共同的目的。通过身体活动,人们建立了强身健体的价值观念,形成了良好的体育生活方式,获得了健身与娱乐共存的意识形态。民俗体育与现代体育能融合发展的根本原因是它们都是体育的范畴。如今,体育已成为人类生活的组成部分,是评判人们生活是否时尚的一个重要指标,其原因就在于休闲娱乐与强身健体已越来越被重视,这也将是民俗体育是否能在现代社会中实现成功转型的重要参考系。①

民俗体育有深厚的群众基础,是民间交流的一种语言,表达人们共同的理想、信念、节操、道德、审美等意愿,其健身性是民俗体育活动赖以存在的基础,是民俗体育在民间发展的本原动因。参与民俗体育活动,对参与者来说,娱乐性即获得胜利或仅仅参与其中都可以获得心理上的满足感;对观赏者来说,他们可以获得轻松、自由和美感,满足对健康、休闲娱乐的需求。民俗体育的娱乐性与健身性与现代体育的内涵一致,因此,民俗体育与现代体育融合发展是时代发展之诉求,是民俗体育发展之必然选择。

二、民俗体育文化现代化发展之趋势

我国21世纪的奋斗目标之一是建成文化大国。改革开放后,我国文化软实力的发展明显滞后于经济等硬实力的发展,改革开放调动了市场的"无形之手",使经济获得强劲发展,军事、科技水平等硬实力也获得了快速提升。在我国和平崛起的过程中,硬实力是最重要的,起决定性作用,国与国之间的竞争是以科技、经济等硬实力为基础的综合国力的竞争。2017年,我国GDP总量达到82.71万亿元,跃居世界第二。经济的强盛让我国与经济全球化紧密结合,相互渗透,表明我国的硬实力已在国际舞台上得到了充分肯定。相对于我国硬实力的快速发展,我国文化软

---

①朱家新.民俗体育的现代化适应[J].莆田学院学报,2015,22(5):99-103.

实力的发展明显滞后。文化软实力是综合国力的重要组成部分,能够为国家的发展提供强大的精神动力和智力支持,能增强国家的凝聚力,增强人民的自豪感、自信心。21 世纪,我国的文化软实力要全面、加快发展,就要充分发挥文化的先进性和时代性功能,发挥文化的感召力的作用,才有希望在国际政治舞台上发出最强音。

我国要实现成为文化大国这一目标,文化实力就必须与现代化相适应。文化现代化的理论基础和出发点是传统与现代的区分。文化的现代化是相对于传统而言的,既是对传统的离异,又是对传统的回归,离异中有回归,回归中有离异。如果没有对传统文化秩序的怀疑和否定,文化现代化问题就无从谈起,然而,强调现代文化对传统观念和文化的怀疑和否定,并不意味着现代文化可以脱离传统而发展。不管承认与否,传统文化始终在制约、影响着现代文化的发展。一个民族的现代文化只能从本民族的传统文化中"生长"出来,有时候,最现代化的观念也难免要借用传统文化的某些形式,这是文化具有内在继承性的明证。因此,文化的现代化不是对传统的全盘否定,而是在更大程度上对传统进行转化,是传统在现代的再生。

民俗体育文化作为我国传统文化的组成部分,深深地扎根于民俗风情之中,是各民族丰富多彩的生活的反映,且以其潜移默化的宣教功能和特有的渗透力、影响力、凝聚力沉淀于各民族人民的日常生活中,成为一种社会生活样式。民俗体育文化在我国文化现代化进程中,需要整合出一种新质文化,才能适应我国文化现代化的发展趋势。在文化取向上,我们要注重社会的改良与进步,强调人的创造性;在伦理取向上,我们要注重人情感的自我表现,突出个性的培养与塑造。民俗体育文化要走现代化道路,以开阔的眼光吸纳一切先进文化的精华,增加民间传统文化的魅力,使其不仅成为地方文化的载体,而且在国际上成为代表我国民族的文化符号,从而提高国际舆论对我国国际形象的赞赏和认可程度。这样,民俗体育文化才能跻身于各种强盛文化之中,获得旺盛的生命力,保持其文化价值,同时也为世界文化的发展做出应有的贡献。

三、民俗体育发展的现实路径是多样化发展

中国的历史与国情决定了民俗体育的历史变迁方式、现实发展路径、未来发展方向都要与我国的国情相符合,与人们的需求相符合,与世界体育的发展格局相符合。

"民俗体育是中华民族传统文化中的一件瑰宝,开发和发展民俗体育是弘扬中华传统文化、服务社会主义文明建设和建设全民健身体系的重要内容。"[①]我国在实施全民健身计划、谋划民俗体育的发展策略时,首先要考虑其健身性、娱乐性,这是民俗体育发展的根本目的。民俗体育不但要依附于节庆、庆典等民俗事象,还要依附于人们的日常生活,走进广场、社区、街头、村落,成为人们健身、休闲的重要内容。其次,我们要加强民俗体育教育功能的引申与应用。民俗体育文化的繁荣与传承不能再以口传身教为主。我们一方面要加强理论研究,著书立说研讨,用现代化的方法将民俗体育文化发扬光大;另一方面,要通过教育平台,把民俗体育融入学校体育教学中,让年轻人感受民俗体育项目鲜明的民族特色、浓厚的民俗风情、厚重的民俗文化底蕴等,更好地保护和传承民俗体育。最后,在体育产业化的道路上,民俗体育应利用自身资源丰富的优势,促进我国经济的快速发展。"体育搭台,经贸唱戏"是体育自身产业化发展、体育带动经济发展的经典模式,各地利用具有地区特色的民俗体育资源,

---

① 李艳茹,汪普健,张黎.我国民俗体育文化及其资源的开发研究[J].体育文化导刊,2007(7):88-91.

与商业、旅游"联袂出演",创新出多种多样的地方民俗体育文化品牌、开发出不计其数的旅游胜地,招商引资,发展旅游事业、地方经济,将民俗体育推上了文化产业化的主流轨道,如山东潍坊每年都举办国际风筝节。潍坊自1984年举办第一届风筝节以来,每年都吸引了大批中外风筝专家、爱好者和游人前来观赏、游览和比赛。风筝比赛及制作等活动将潍坊乃至山东地区的旅游、经济、贸易等拉动起来,形成了"风筝牵线,文体搭台,经贸唱戏"的模式。另外,民俗体育还应利用互联网等现代信息渠道,走向世界的舞台,展示我国的民族文化魅力,丰富我国的文化内涵,提升我国的文化软实力,增强我国在国际上的话语权。

第二章　民俗体育项目精选

第一节　舞龙

一、龙文化简介

"古老的东方有一条龙,它的名字就叫中国;古老的东方有一群人,他们全都是龙的传人……"这是台湾作曲家侯德健于1978年12月16日创作完成的著名作品《龙的传人》中的歌词。这首歌首先由台湾著名歌手李建复演唱,再经香港歌手张明敏演绎,传遍中国,家喻户晓,也深受海外侨胞的喜爱。龙是中华民族(即大多数华人)的图腾、象征,"龙的传人"也成为中华民族的别称。龙文化在我国有着悠久的历史,是中国文化的突出符号,有着重要的地位和影响,且经过历代的创新发展,至今依然深受中国各族人民的喜爱。在神话传说中,龙的种类有很多,有鳞者为蛟龙,有翼者为应龙,有角者为虬龙,无角者为螭龙,未升天者为蟠龙,好水者为晴龙,好火者为火龙,善吼者为鸣龙,好斗者为蜥龙。早在五六千年前新石器时代的红山文化时期,先人们就学会了雕刻各种"C"形玉龙、玉猪龙等作为礼器,拜祭天地山川。在炎黄时代,龙就成为中华民族各部落联盟的共同图腾。秦汉以后,龙成为帝王的象征,历代皇帝都自称为"真龙天子",还把龙字用在帝王使用的东西上,如龙袍、龙椅、龙床。自古以来,人们认为"龙的出现,是天下太平的征兆",所以龙被人们视为天下最大的吉祥物。同时,龙又是一种神秘的宝物,常常"神龙见首不见尾"。尽管如此,人们对龙的形象依然描述得很清楚:龙能走、能飞、能游泳、能兴云降雨,还能显能藏、能巨能细、能长能短,春分时飞上天,秋分时潜于渊。龙的最基本的神性是上天入水,变化多端,它的基本神职是行云布雨。龙在魏晋以后几乎取代了众多的"雨师"和"水神",作为司理雨水之神,赢得普遍的祭祀和崇拜。①

我国是龙文化的发祥地,上下数千年,龙文化已渗透到中国社会的各个方面,成为一种文化的凝聚和积淀。龙成了中国的象征、中华民族的象征、中国文化的象征。对每一个炎黄子孙来说,龙的形象是一种符号、一种意绪、一种血肉相连的情感。"龙的子孙""龙的传人"这些称谓常令我们激动、奋发、自豪。龙文化除了在中华大地上传播承继,还被远渡海外的华人带到了世界各地,在世界各国的华人居住区域或中国城内,最多和最引人注目的饰物仍然是龙。我国智慧的劳动人民独创了"龙"的精神文化,龙的形象已深入社会的各个角落,寄托着广大劳动人民的美好愿望,象征着各族人民勤劳勇敢、奋发向上的精神,因而,"龙的传人""龙的国度"也获得了世界的认同,龙的影响力波及文化的各个层面。在我国的民俗中,以"龙"这一人文动物为主题的活动多彩多姿,如元宵节舞龙(舞龙灯、耍龙灯)、二月二龙抬头吃龙须面、端午节赛龙舟,还有龙图画、龙书法、龙诗歌、龙歌曲等,都是长期流行的民间文化。在民间的具体民俗活动中,舞龙运动因其喜庆、欢快、吉祥的象征性和赏心悦目的技艺性而成了一种独特的运动形式,是我国民俗体育项目中的典型代表,是我国宝贵的文化财富。今天,我们重新审视,便可发现这项鼎盛不衰的民俗体育蕴藏着无穷的思想光芒和情感力量。它凝聚着中国人千百年来创造的艺术精华,记载着人与自然、人与社会、人与神灵之间纷繁而和谐的关系。

二、舞龙运动的起源与演变

舞龙运动是我国非物质文化遗产的一部分。关于舞龙运动的起源,

---

① 贡清雷,康建敏.古代舞龙活动的起源与发展研究[J].兰台世界,2012(24):70-71.

不同的学者持不同的观点。从查阅到的资料来看,关于舞龙运动起源的两种观点主要有两种:观点一是民间的求雨祭祀活动孕育了舞龙运动;观点二是图腾演变成龙的形象,再演变成舞龙运动。

关于舞龙运动源于民间求雨祭祀活动的观点,祖晶认为:舞龙的目的首先是祭祀、祈求福祉,这是各种民间龙舞产生的主要起因。黄河洪、凌为患,史不绝书。在生产力落后、人们依靠自然条件吃饭的农耕社会里,人们的认知水平低下,科技水平低,他们希望能有一种神奇的力量来消灾免难,祈求风调雨顺、五谷丰登,龙就是人们构想的具有这种神奇力量的崇拜物。① 在我国民间舞龙求雨的祭祀活动中,最早用于求雨的当属应龙。在神话传说中,应龙是长着长翅膀的龙。它有蓄水的本领,曾为黄帝效力,助黄帝争夺天下,还曾协助大禹治水。因而在旱情严重的年月,人们就用泥土做成应龙的模样,用地上的"应龙"感应天上的"真龙",以求天降大雨。② 李英、杨爱华经过研究认为,从商代其他祭祀舞蹈高度活跃发展的事实中,我们或许可以推测,商代也许是中国舞龙运动最早的酝酿期,商代充满动感的求雨祭祀活动就是舞龙运动出现的最佳温床。③ 陈艺轩在其著作《中国龙舞》中明确表示,商代已经有了关于做"土龙"求雨的明确记载,《甲骨文合编》记载:"其作龙于凡田,又雨。"④李雄锋认为,众多研究表明,舞龙最早可能起源于商代,当时舞龙与祭龙祈雨有着密切的关系。⑤ 综观以上陈述,舞龙运动起源于民间的祭祀求雨活动,与我国

---

①祖晶.黄河流域民间舞龙研究[J].体育文化导刊,2011(5):96-99.
②刘景宗,黄振鹏.浅析舞龙运动的历史渊源与文化内涵[J].搏击·武术科学,2009,6(7):82-83.
③李英,杨爱华.舞龙运动的历史回顾与展望[J].解放军体育学院学报,2004,23(2):6-10.
④陈艺轩.中国龙舞[M].北京:中国方正出版社,2008:24,25.
⑤李雄锋.国内舞龙舞狮运动研究综述[J].体育科技,2014(6):49-50.

古代农耕社会人们的生活形态、意识形态比较吻合。在民间,龙是"九江八河五湖四海行雨之神"。在有水旱灾害的年份,民不聊生,无助的人们通过巫术向神灵祈祷,祈求风调雨顺、五谷丰收。巫师作法,模仿"主宰风雨的龙"进行舞蹈,满足人们祈雨的心愿。舞龙祈雨慢慢开始流行,并得到推广,到汉代已具相当规模,正如西汉董仲舒在《春秋繁露》中描述的那样,汉代人春旱求雨舞"青龙",炎夏求雨舞"赤龙"或"黄龙",秋季求雨舞"白龙",冬天求雨舞"黑龙"。至于观点二,张炜炜在《漫谈"舞龙"》中有如下描述:"龙"是怎么一回事呢?资料显示,"龙"是夏朝以前(约公元前21世纪)的部落"图腾"演变来的。在夏朝以前,中国大地上的各部落间相对独立,每个部落都有自己的图腾(代表部落的旗帜),上有生物画像,或马,或牛,或鹿,或鹰,或鱼,或花。夏代建立了王朝,各部落都得服从王朝的管理,图腾也得以合并。"龙"是以马的嘴、牛的眼与耳、鹿的角、狮的项颈、老虎的牙齿、蛇的身体、鲤鱼的尾巴、老鹰的爪子等拼凑起来的图像,代表着王朝,被称为"龙"。后来,各朝沿用下来,"龙"不仅代表王朝,还成了国家民族精神的化身。到了近代,"龙"演变成代表中华民族56个兄弟民族的共同意象。①

图腾演变成"龙"的形象,那"龙"又是怎样演变成"舞龙"的呢?资料显示,西汉文帝(公元前180年至公元前157年在位)铲除诸吕之乱后,天下太平,百姓安居乐业。每年正月十五,文帝都穿着便衣出宫,与民同乐。时有以龙灯为首的闹花灯活动,也称"舞龙灯",日久成为民俗,世人又称之为"元宵节"。此俗延续到宋代,情况益盛。宋孟元老在《东京梦华录》中记载北宋首都汴京(开封)的元宵节情况时说:"正月十五日元宵,大内前自岁前冬至后,开封府绞缚山棚,立木正对宣德楼。游人已集

---

①张炜炜,漫谈"舞龙"[J].科教文汇,2010(1):208.

御街两廊下,奇术异能,歌舞百戏。"其中的"奇术异能,歌舞百戏"就包括舞龙。当时,龙身上点烛的被称作"舞龙灯",不点烛的被称作"舞龙"或"舞布龙"。由此可知舞龙这门民间舞蹈的历史积淀是何等深厚。

对于舞龙运动的起源,至今没有资料证明其唯一性。舞龙运动千百年来在华夏大地上传承,更多地反映的是民族精神的传承。舞龙运动作为一项重要的民俗体育活动,已超出了体育的范畴,成为华夏民族一种内在的、文化的,由一代代人延续下来,相互联系、相互支撑的精神的内聚力量。[①] 纵观舞龙运动的发展历程,中国舞龙的发展经历了祭祀求雨活动—民间民俗信仰—现代竞技舞龙这一发展过程。

三、舞龙运动的表演形式

在银屏上或是在现实生活中,我们时常能看到各种形式的舞龙表演。在条幅飞扬、锣鼓喧闹的热烈氛围中,一条被装扮得绚丽多彩的巨龙在人们眼前腾跃而出,翻滚飞舞,气势磅礴,甚是雄浑豪壮,引得人们爆发出阵阵击掌声与喝彩声。龙,是典型的华夏文化传承的载体;舞龙,是华夏民族共同的助兴运动项目。舞龙又称"龙舞""玩龙灯""龙灯会""耍龙""闹龙"等。它在超越社会形态、文化传统、图腾崇拜的同时,已由一般的祭祀表演活动逐渐发展成为一种集娱乐、喜庆、健身与竞技等多种功能于一体的文化体育活动,开始走上规范化、科学化、竞技化、国际化的发展道路。[②] 舞龙运动因其气势磅礴、雄浑豪壮、寓意吉祥的特点,受到华夏儿女的喜爱,经过几千年的发展,舞龙在我国民间已是遍及大江南北、人人知晓的民俗活动项目;龙文化因其强大的民族凝聚力、文化传统性,使得

[①] 吕韶钧,彭芳.舞龙运动的文化内涵与中华民族的精神纽带[J].北京体育大学学报,2004,27(9):1195.
[②] 张吾龙,杜晓红,邵磊.舞龙运动的文化底蕴及其社会价值[J].体育文化导刊,2007(4):90-91.

各族人民及海外侨胞对龙文化产生了强烈的心理认同感,使舞龙活动不断获得创新发展。如今,舞龙是各种节日、喜庆活动中雅俗共赏的必演项目。

龙是"我国古代传说中的一种身体长有鳞、有角的动物,能走、能飞、能游泳。"①但是,龙到底长啥样?龙的本事有多大?没人能说得清。龙的形象经过几千年的口头传说和传播,被描绘得充满神性和灵气,承载着民族的精神、气节与血脉。舞龙运动经过几千年的传承、创新和发展,已成为内容丰富、形式多样、表演技巧高超并带有浓郁民族色彩的体育竞技运动项目。舞龙运动在民间的传承与演变表现出强烈的时代感与实践性,表达了劳动人民的心理诉求与价值取向,诠释着人们对欢乐、幸福生活的庆祝与期盼,寄托着人们对美好生活、和平盛世的追求与向往。

舞龙作为龙文化的外在表现形式,是我国民俗体育项目中最宝贵的部分之一,遍布华夏各地。据统计,截至2015年12月31日,被收录到我国国家级和省(直辖市/区)级体育非物质文化遗产名录的项目共987项,其中舞龙类的项目有187项(国家级42项,省级145项)。② 我国不同民族和不同地区的人们赋予了舞龙活动不同的区域民俗特征,且舞龙活动还与当地的民风民俗相融合。可以说,流传于民间的舞龙运动形式数不胜数、方法各不相同。人们根据龙体外形的连续性、龙体的制作材料等不同标准对龙进行分类;不同形式的龙,其表演形式也各不相同。

(1)依据龙体外形的连续性进行分类

按此方法,舞龙活动中的龙可分为三种:断头龙、段龙和全龙。

---

①中国社会科学院语言研究所词典编辑室.现代汉语词典:4版[M].北京:商务出版社,2002:816.
②王亚敏,陈小蓉.我国体育非物质文化遗产中舞龙项目分类研究[J].体育文化导刊,2017(1):83-87.

断头龙即龙头与龙身分离的龙。2008年,断头龙被列为国家级非物质文化遗产。浙江兰溪断头龙是民间舞蹈中的男子群舞,流传于水亭畲族乡,具有比较典型的地域节庆文化特色,是较有代表性的断头龙表演形式。兰溪断头龙1965年参加浙江省会演获演出一等奖;1988年元宵节时参加浙江省"华星杯"舞龙大奖赛,获演出一等奖。兰溪断头龙的整条龙由龙珠、龙头及七节龙身组成,每两节龙身之间相隔2.3米,以龙肚布相连,龙长16.7米;共九人参与表演,龙头一人,龙珠一人,龙身七节,每节各一人。表演时,当龙珠和龙头打头、龙身跟着一起表演时,整条龙好像自然连接在一起,龙身随龙头和龙珠走出各种队形;当龙头和龙珠单独表演、龙身构成阵图做陪衬时,头身又自然分开,龙头和龙珠的表演不受修长庞大的身躯的牵制,在道具运用上更为灵活,在动作设计上具有独创性,营造出一种"形断而神不断"的美感。龙头和龙珠均可单独表演高难度的动作,龙身每换一个阵图,龙头和龙珠就舞出一个套路,显得灵活自如、变化多端。龙头、龙珠、龙身中可点燃红蜡烛,夜间起舞时千姿百态、色彩斑斓,现场气氛热烈,场面很是壮观,令人目不暇接。

段龙因龙身分段、不连接而得名,每一段龙身都由竹篾制成骨架,外糊布料或彩纸,加以彩绘而制成。演出现场,演员们身着喜庆服饰,手拿龙具,龙身节节相离,形断而神连,运作套路变化丰富,动作优美而富有技巧,成为展示活动中的一道亮丽风景,也让现场观众感受到了传统文化的独特魅力。2015年,段龙舞被选入江苏省非物质文化遗产代表作名录。江苏省昆山市陆家镇素有"龙舞之乡"的美称,当地的段龙舞最负盛名。段龙舞表演以跑阵为主,演绎出担龙、曲线对龙、扣地龙、伏地舞龙、摇身对龙、腾龙、拜地舞龙……段龙时而飞舞在云天之上,时而游弋于波涛之中。段龙舞最精彩的看点是形断而神连,套路变化丰富。多年来,段龙舞在传承和发展中不断吸收中华龙舞文化的精髓。从 2013 年开始,段龙舞与现代舞蹈相结合,创造出更加丰富多彩的龙舞形式,赋予段龙舞新的内涵和生命。①

全龙即龙头、龙身、龙尾接连在一起的龙,具有代表性的就是江苏省直溪巨村的直溪巨龙(国家级非物质文化遗产)。直溪巨村舞龙至今已有 600 多年的历史,因源于巨村,且龙身大而长,故又称"巨龙"。巨村舞龙的龙初时以稻草为材料扎制而成,清末时逐步改为以竹篾扎制,骨架外裹以龙鳞状的布皮和灯饰作为制作材料。龙身也逐步加长,由 15 米至 30 米乃至 200 多米,需 100 多人协同表演。巨村舞龙整场表演由"游龙""串八卦阵""翻小花""翻花""舞三步""跪舞""坐舞""过仙桥""罗汉盘龙""长龙翻身"等 18 道程序组成,舞者要通过跳、钻、游、叠、戏、盘等基本套路和串阵、翻花等过渡动作表现蛟龙腾渊的威武身影和风采。舞者动作矫健、艺技娴熟,舞姿变化多端。所有的舞蹈动作都在龙的游动中进行,显示出"形变龙不停,龙走套路生""人紧龙也圆,龙飞人亦舞"的艺术效果。总体而言,巨村舞龙造型生动,转换巧妙,动作间的衔接和递进十分紧凑。巨村舞龙的龙身特别长,但动作灵活,整体表演都在铿锵有力的锣鼓声中进行,各个套路之间紧密相连,环环相扣,雄浑强悍,气势磅礴。

(2)依据龙体的制作材料进行分类

根据龙体制作材料的不同,舞龙活动中的龙可分为布龙、人龙、草龙、香火龙、板凳龙、纸龙、竹子龙、木龙、纱龙、百叶龙、绣球龙、鸡毛龙等。②

---

①朱新国. 江苏省级非遗"段龙舞"飞舞 600 年加大保护非遗传承人[EB/OL]. (2018 – 01 – 31)[2019 – 01 – 10]. http://www.wenming.cn/dfcz/js/201801/t20180131_4577339.shtml.

②王亚敏. 陈小蓉. 我国体育非物质文化遗产中舞龙项目分类研究[J]. 体育文化导刊,2017(1):83 – 87.

①布龙

布龙以竹篾做龙骨架,以布料做龙面、龙肚,由此得名。① 龙身既有龙面布,也有龙肚布,外观古朴唯美。从20世纪20年代只盖一层单色龙衣布的到20世纪30年代逐渐添上龙肚布、龙鳞和龙百脚,造型的大胆革新使布龙更加逼真、美观。② 布龙龙身的节数不等,有九节、十二节、十八节、二十四节、二十七节等。节与节之间用绳索连接,间距为30多厘米,每节下以一木棍支撑,一人持一节。九节龙节数适中,舞动起来显得灵活矫健,不择场地,随处可舞;十二节以上的布龙制作得粗大结实,各节可以点燃红烛,夜间起舞时,五彩斑斓,犹如真龙凌空飞舞,但形体庞大,演出场所受限。

舞布龙最初是百姓祈雨的一种民俗祭祀活动,从敬神、请神、娱神等民间习俗演变而来。③ 布龙现今在我国分布较广,福建、江苏、安徽、江西、浙江、广东、河南、湖北、四川、辽宁、山西等的许多地区都有舞布龙的习俗。布龙的代表主要有奉化布龙、金州龙舞等,其中尤以奉化布龙在全国最为有名。1990年,奉化布龙入编《中国民族民间舞蹈集成(浙江卷)》。1996年,奉化市(现宁波奉化区)被国家文化部授予"中国民间艺术(布龙艺术)之乡"的美称。奉化布龙2005年被浙江省政府列入浙江省首批非物质文化遗产代表作名录,2006年被国家文化部列入第一批国家级非物质文化遗产名录。在奉化,布龙色彩分青、黄、青黄三种,民间盛传"青龙盘(满)水缸,黄龙盘(满)谷仓"的谚语。④

---

①傅珠秀.奉化布龙[J].浙江档案,2006(7):50.
②董鸿安,苏勇军,丁镭.奉化布龙的传承与发展研究[J].民族论坛,2017(2):46-50.
③王月曦.奉化布龙[M].浙江摄影出版社,2008:233-236.
④王春光.广东舞龙运动的发展及保护策略[J].搏击·武术科学,2013,10(8):83-85.

下面我们以奉化布龙为例,谈谈布龙表演的构成、舞姿与艺术特征。布龙表演在构成上主要分形、舞、曲三部分。在"形"的方面,制作布龙者以彩色布为主要原料,配以竹、木等辅助材料,制成逼真、威武、雄壮的布龙;在"舞"的方面,舞龙队队员运用滚、翻、伸、跳等全身动作,舞出龙腾云驾雾、翻江倒海、静如处子、动如脱兔的动态,展示龙灵活、气吞山河、搏击长空的雄姿;在"曲"的方面,舞龙队队员运用或缓慢、或激越、或如夜雨定叶、或如微风摇曳的舞蹈语言,以起承转合的篇章描绘出龙由静到动,从开幕、高潮、尾声到结局的全过程。奉化布龙的舞姿变化多端,整个舞蹈有盘、滚、游、翻、跳、戏等40多个套路和小游龙、大游龙、龙钻尾三个过渡动作。具体舞蹈动作有盘龙、龙抓身、挨背龙、龙搁脚、左右跳、套头龙、龙脱壳、龙翻身、双节龙、背摇船、圆跳龙、满天龙、游龙跳、靠足快龙、弓背龙、龙戏尾、龙出首、快游龙、直伸龙、快跳龙、滚沙龙、大游龙、小游龙和龙钻尾等。舞者速度快,调动的幅度也相当大。他们技艺娴熟,动作干净利落、灵活敏捷,所有的舞蹈动作都在龙的游动中进行,舞动时做到"人紧龙也圆,龙飞人亦舞""形变龙不停,龙走套路生",舞得"狂",舞得"活",龙身"圆",形态"神"。① 因此,舞得活、舞得圆、神态真、套路多、速度快是奉化布龙的主要艺术特征。总体来看,奉化布龙是以动作套路多、变化快而闻名天下的,有"华夏第一龙"的美誉。②

②人龙

人龙,即龙由人组成,分为龙头、龙身和龙尾,由大人和孩童结合而成,规模可大可小,节数多少不等。龙头是人龙的精髓,往往由一个壮汉身负两个或三个小孩组成。若是一个壮汉身负两个小孩,则两小孩形似

---

①傅珠秀.奉化布龙[J].浙江档案,2006(7):50.
②庞茹.奉化布龙:在灵动中圆满[J].文化交流,2014(4):72-74.

龙的上、下颌;若是一个壮汉身负三个小孩,则三个小孩分别代表龙角、龙眼、龙舌。龙身是龙的主体部分,由人相继倒卧分节连接而成,即龙头之后为龙柱,龙头与龙柱、龙柱与龙柱之间仰躺一小孩作为龙肚,龙肚头搭于后节龙柱的肩上,双脚则搭于前节龙柱的肩上,龙柱双手握住前节龙肚的肩和后节龙肚的双脚,最后一节龙柱肩上的龙肚也称"龙尾"。表演者穿上黄色或青色服装,龙就变成黄龙或青龙。目前,人龙中的非遗项目有湛江人龙舞(国家级)、佛山市人龙舞(国家级)、佛山杏坛人龙舞(省级)。湛江人龙舞盛行于广东省湛江市东海岛东山镇,融入了古海岛群众娱龙、敬龙、祭海、尊祖、奉神等多种风俗,形成了自创一体、独具一格的龙舞表演形式和人龙精神。湛江人龙舞有起龙、龙点头、龙穿云、龙卷浪等独具特色的表演程式,表演者练就了快速托人上肩的稳健动作和步法,队形流畅多变。舞龙时,表演者按照锣鼓的节奏舞动,龙双眼闪闪发光、昂首前进,龙身左右翻滚、动感十足,龙尾上下摇摆、轻便灵活。整条长龙腾舞戏珠、左盘右旋、摇头摆尾,粗犷而又威武逼真,显现出独特的海岛色彩和浓厚的乡土气息,被誉为"东方一绝",至今仍是东海岛乃至雷州半岛经久不衰的民间风俗和大型广场娱乐活动的重要组成部分。其他地区的人龙也显示出久远的民俗传统性,如湖南永州一带的民俗体育项目"瑶族人龙"。瑶族人龙既是瑶族独特的民族文化,也是瑶族宝贵的舞龙历史遗俗。历史上,瑶族是一个不断迁徙的民族。在长期的游耕生产时期,遇到节庆节日、庆祝活动、祭礼活动时,瑶族人民都要隆重地舞人龙以示庆祝,龙在鼓、喇叭、唢呐、锣等乐器铿锵有力的伴奏下,时而快速穿梭,时而盘旋迂回,时而走圆形,时而走"之"字形,时而曲线行进,似游龙狂舞,又似乌龙绕柱,将游龙的神态表现得淋漓尽致、栩栩如生。[①] 时至今

---

① 蒋东升.瑶族人龙体育文化的人类学考察[J].南京体育学院学报(自然科学版),2015,14(4):145-148.

日,舞人龙在瑶族相袭成俗,经久不衰,成为瑶民实现神圣认同的重要载体,成为瑶民的一种信仰。

③草龙、香火龙

据《中国舞蹈词典》,草龙"又名'草把龙''稻草龙''香火龙',民间舞蹈,龙舞形式之一,流行于全国各地。因龙形道具用稻草、柳枝、黄荆或青藤等扎制"。以稻草扎龙,祈求的是五谷丰登。舞草龙呈现了以农耕生活为主、以农业为主体的我国民间稻作文化及龙崇拜思想意识传承的一贯性。完整的草龙一般由龙头、龙身、龙尾组成,编织者先编一条长长的草帘,一头反折一层做两个弯角翘起,形似"龙头",也可用青藤或柳枝等材料扎制成龙头;中间每隔几米扎一小捆椭圆形禾草,用竹竿串起、绳子固定做"龙身";草帘编到最后分三个叉略往上翘起,表示"龙尾"。再单独编扎一圆形草团作为"龙宝"(龙珠),整条原生态草龙就编扎成功了。随着人们审美观念的提高,人们又给草龙进行了一些装饰,挂上彩纸,使其更美观、逼真。有的地方的草龙很特别,虽然也以草为材质,但只有龙头,没有龙身和龙尾,如湘西南会同县的苗族草龙,表示"神龙现首不显身"。

民间舞草龙的习俗历史悠久,但各地的方法有所不同。如在广西阳朔县兴坪镇,每年只有在正月十三到正月十五这段时间才舞草龙,并在晚上才舞。龙身有十五节左右,每节都插有点燃的香,舞动时,点燃的香似流星般闪烁,非常漂亮。最后,人们将草龙拿到河边烧掉,表示送龙回龙宫。特殊情况下,遇到灾害、虫害,或者久旱不雨时,人们也扎草龙去河边焚烧,祈求龙王消灾、降福或降雨。有的地方在中秋时舞草龙。夜色降临时,农民高擎香火草龙,狂奔飞舞在晒场、田野,皓月当空,火龙腾云驾雾,其景也十分壮观。正宗的舞草龙仪式颇为复杂,整个表演过程分为祷告、行云、求雨、滚龙、翻尾、取水、返宫七个小段。其中,求雨是重头戏,男女共十二人参与表演,其中农村妇女装扮的信女四人,三人分别手捧蜡台、红烛、香炉,一女双手合十于胸前,步履节奏缓慢,面部神态虔诚。舞珠人为男性,农村青年形象,表情庄重,手握龙珠竿笛子,动作自然。其余七名舞龙男子装扮同舞珠人,分别执龙头、龙身、龙尾。① 会同苗族的草龙舞比较有特色,是只舞龙头的舞蹈。其他龙舞的表演是若干人共同舞动一条龙,而苗族的草龙舞则由若干表演者舞动的龙头组成一条龙。表演模式不固定,可根据表演场地的大小、表演人数的多少及伴奏的有无,采用单人舞、双人舞或群舞的灵活方式进行。关于苗族草龙舞的表演,梁谐在《龙舞奇葩——苗族草龙舞》里是这样描述的:表演者的舞技都以矫健、奔放见长。单人舞和双人舞的舞姿常给人以灵巧、飘逸、舒展之感,单人舞中的"鹭鸶踏莲""倒挂拦蛇"和双人舞中的"流星追月""磨盘插柳"等难度较大的独特技艺均为苗族草龙舞的舞技精髓。群舞则通常配以当地的唢呐和铜锣伴奏,表演场景十分壮观,气氛十分热烈。特别是当群龙协同舞动时,龙头始终保持着既圆又活的形体,形成龙飞凤舞的迷人景象,"龙摆头""龙翻身""龙抢宝""龙缠腰"等舞姿环绕、穿插自如,张弛有度,快慢相间,极具奔放的动态美。

草龙舞表演者的服装具有极其独特的原生态艺术魅力,具体分为三类:表演原生态草龙舞时,表演者头戴稻草编织成的精致的草帽,身穿用稻草编织的衣、裙,脚绑草鞋;喜庆丰收时表演草龙舞,表演者则穿苗族服装;登门送财或儿时游戏表演草龙舞时着装不限。苗族草龙舞的原生态音乐主要以打击乐为主:大鼓一个,大锣、小锣各一面,大钹、小钹各一套,进行大型表演时则需多套打击乐班。2009年,会同苗族草龙舞成功申报为市级非物质文化遗产项目。

---

① 富琳桦,傅蓉蓉.松江"舞草龙"传承现状和路径的初探[J].设计,2014(4):171-172.

④板凳龙

板凳龙是用一条一条的板凳串联而成的龙灯,在我国流传、分布较广,全国各地都有,白族、土家族、蒙古族等少数民族地区开展较多。

板凳龙由龙头、龙身和龙尾三部分组成。龙头由竹篾扎制而成,外面裱纸,再绘上色彩鲜艳的龙鳞;龙身的制作方法大致相同,由板凳、灯笼、红蜡烛制作而成,每条板凳上都扎着花灯(替代龙体),花灯上都画有人们喜欢的花、草、树、鸟等图案。板凳龙有多种舞法,以独凳龙、多凳龙舞法为主。独凳龙,即将一条家用普通花条板凳装饰成彩龙,由一至三人合着鼓点,有节奏地舞出各种花样。一人玩时,两手分别执前后腿;两人玩时,一人执前两腿,另一人执后两腿;三人玩时,前两人各执一腿,后一人双手执两腿。多凳龙,由九人或九人以上舞,每人各举一凳,两人举宝珠逗引龙行进,表演者一边舞动手中的板凳龙,一边不断变换队形和姿势,以表现出龙戏水、龙摆阵、龙蹿珠、龙抱宝、龙配凤、闹龙宫、跳龙门、龙归巢等不同场面。晚上出灯时,龙身里面点上蜡烛,形成一条长长的灯。2006 年,浦江板凳龙被国家文化部列为首批国家级非物质文化遗产。其他比较有名的板凳龙有大田板凳龙、安仁板凳龙等。

⑤百叶龙

2006 年 2 月,百叶龙申报我国首批非物质文化遗产;2006 年 6 月 10 日是我国第一个文化遗产日,百叶龙被批准列入我国第一批非物质文化遗产。

百叶龙由"百叶"构成,此百叶是粉红色的荷花花瓣。百叶龙发源并流传于浙江省长兴县林城镇一带,至今已有 160 多年的历史。长兴百叶龙由 200 多年前流行于安吉上舍村一带的民间舞蹈"花龙灯"演变而来。一盏盏纸扎的花篮灯、花瓶灯走"四角阵"后,绵延相接串舞成龙形,就成了百叶龙。至清朝道光年间(1821 年—1850 年),安吉上舍村艺人杨九林对该村的花龙灯做了突破性改进,着重在"变"字上下功夫,使每一种花灯都具有两种形象,如将聚宝盆翻过来变成龙头,将荷花灯相连变成龙身,将蝙蝠灯翻过来变成龙尾,将寿桃灯翻过来变成龙珠,将十二只花瓶(每只由两半合成)翻开变成云片,使原本一览无余、自然衔接的花龙灯变成进门是花灯、出门是龙灯的形式,并改名为"化龙灯"。

现今的百叶龙由百叶构成龙头、龙身、龙尾,是我国南方具有代表性的舞龙运动之一,是浙江长兴舞龙表演中最有特色的项目之一。制作者在制作龙头时,先用金属丝或竹片做出龙头骨架,再用桃花纸糊面,纸糊彩绘后,再用荷花做出龙颈,接着用线制成龙须。龙身是主体部分,由81朵荷花分9段连接组成,每段有9朵荷花,每朵花由用63片布制成的花瓣叠成。荷花花瓣代表龙鳞,龙鳞共900多片,龙身共长16米。① 龙尾的巧妙之处在于制作者制作的是可以张合的蝴蝶状骨架,纸糊彩绘后固定在木杆的一端,双翅张开时为蝴蝶状,合拢时即为龙尾。

浙江长兴百叶龙的龙舞以龙与莲的结合为独有特色,是百叶龙的典型代表。一般的舞龙运动由表演队伍直接手持龙形道具开始表演,而百叶龙的舞龙表演分两部分进行:舞蹈表演、百叶龙龙舞表演。开始时,演员手持荷花、莲叶、寿桃等道具分开站立,边唱边舞,表现蝴蝶飞舞于荷叶、荷花丛之中,展现出荷花随风荡漾、飘逸摇曳的风貌;荷花朵朵盛开,彩蝶翩翩飞舞其间,勾画出清新秀美的江南水乡的美景。在荷花的忽聚忽散中,舞者迅速集中于一处,将各自手中的道具进行变形、组合,翻转成龙头与龙尾,其他人以荷花道具相配合形成龙身。由姹紫嫣红的荷花、荷叶幻化成的花龙腾空而起,舞龙阶段的表演这时才开始。蛟龙横空出世,鲜艳夺目,翻滚在蓝天白云间,飞舞于碧荷之中;荷叶变成祥云,造型轻巧

---

①叶木华.非物质文化遗产长兴百叶龙之发展及其文化空间调适[J].浙江体育科学,2011,33(5):14-17.

精致,外形秀丽,构图唯美。可变形、组合的舞蹈道具和分阶段的舞龙表演是长兴百叶龙最突出的文化特色。① 现今的百叶龙表演,荷花在瞬间突然变成龙是其最显著的特点,"静则荷塘月色,流光溢彩;动则蛟龙腾空,气势磅礴"。它将中国传统的舞龙转化成龙舞,通过"湖水荡漾""荷叶摆动""荷花盛开""彩蝶扑飞""荷花变龙""蛟龙嬉戏""龙变荷花"等动作和情节,完成一个完美的舞蹈过程,展现出江南水乡的绝美意境,堪称"江南一绝"。

⑥纸龙

纸龙也是我国古老的舞龙品种之一,有400多年的历史。扎纸龙、舞纸龙是广东深圳平湖地区的一种传统民俗,五彩纸龙是河南省清丰县的省级非物质文化遗产。纸龙以竹篾制成骨架,用宣纸(后用牛油纸)做龙头、龙身、龙尾,因此被称为"纸龙"。其中,龙头由口含龙珠的嘴部、前额、后脑、角、手柄等部分组成,制作难度最大。龙身和龙尾所蒙裱的纸上绘有龙的鳞片,鳞片上贴有金色和银色纸。舞龙正式开始前,经过村中德高望重的老者点睛后,龙头摆动,龙目闪闪发光,龙鳞熠熠生辉。② 纸龙舞表演一般在节庆、庙会、集会时进行。虽然是纸龙,舞起来并不轻松。纸龙里面是空的,动起来会兜住风,比较重,要求表演者配合协调、舞技精湛。也有在晚间表演舞纸龙的,人们在纸龙腹内的骨架上点燃蜡烛,舞动过程中蜡烛不倒,龙体色彩斑斓,造型各异,甚是美观。

⑦绣球龙

绣球龙由龙头、龙体、龙尾三部分组成,共十二节(闰年时为十三节),每节代表一个月,每节由两个绣球样的圆球组成,故名"绣球龙"。

---

①崔伟.浙江长兴百叶龙艺术的美学特征阐释[J].黄河之声,2017(4):113.
②唐毅,周尤.平湖纸龙舞25年后重现江湖[N/OL].(2009-3-10)[2019-1-10].http://epaper.southcn.com/nfdaily/html/2009-03/10/content_6733421.htm.

绣球龙的表演一般是红绿二龙舞动,两条龙共二十四节,代表二十四个节气。随着时代的发展,绣球龙的制作材料、工艺也在不断改进,早先由藤皮编成的单层圈架现已演变成用竹皮、钢丝制成的双层圈架;圈架的外面早先用纸糊,然后涂上红、黑、黄、蓝等色,现在改用红绿绸布制作;早先内置的蜡烛现改为照明灯泡。绣球龙的表演形式分踩街和撂场两种,踩街即边行进边舞蹈,撂场即在街头、院落、空场表演,组字摆图。其中,撂场是绣球龙灯舞的主要表演形式,表演时各节随龙头舞动,表演内容有二龙出水、二龙逗宝珠、二龙戏水、龙马献图、跃龙门、月亮门、龙门阵、大过桥、抄连环、金龙盘玉柱、摆字、吐字等二十多种,表演套路多根据上古传说演绎而成,既有巨龙腾飞之势,又突出龙灯的特色,极具观赏性。绣球龙灯表演摆字时,在打击乐的伴奏中,表演者采用站在桌凳上、双腿直立、蹲在地上等形式,由引舞的舞球人指挥而完成,通过形象逼真的摆字表演,明示表演的寓意与内涵,寓教于乐,凝心聚力。1999年12月20日凌晨,绣球龙在天安门广场参加庆祝澳门回归活动,组字"庆回归"表演获全国龙灯舞一等奖。

⑧鸡毛龙

鸡毛龙是一种非常有特点的民间艺术,因制成的龙通体以鸡毛装饰而得名,又被称为"凤羽龙"。江苏无锡惠山区鸡毛龙的制作方法是将清洗晒干后的鸡毛8根一扎、18扎一排,横竖交错,千针万线缝在龙身上。湖南常宁石盘萧家的鸡毛龙都是当地人手工自行制作的,由龙头、龙筒、龙杆(龙把)、龙圈、鸡毛龙鳞片、龙背、龙肚皮、龙尾组成。当地人会将色彩鲜艳亮丽的鸡毛插入杆筒内,一条龙身的鸡毛龙鳞片不少于2000片,构成"龙的骨架、鸡的羽毛、鱼的鳞片"。凤羽龙一般是双龙表演,称作"龙凤呈祥",据传龙有驱牛鬼邪神的本事,而凤有治百病、祛瘟疫的威灵。在元宵节、婚嫁等重要活动场合,在具有地方文化色彩的热闹的锣鼓声中,神采奕奕、盘旋翻滚的龙张口旋身,回首望凤,凤则展翅翘尾,举目眺龙。凤羽龙舞还时常与字灯联合进行表演,"钟鼓乐调佳,鸟声弄来音秀丽。龙凤呈舞瑞,花色飞去风景新"。随着字灯的不断变换,龙也变换出多种姿态,为村民庆贺,呈现一派祥和、喜庆的景象。

龙是中华民族所敬奉的图腾,自古以来,炎黄子孙就以浓厚的兴趣拥抱厚重的龙文化。在龙文化的背景下,舞龙运动承载着民族精神,在各个历史时期得到传承、发生演变,民间普遍将其作为一种祭祀活动,通过其祈神庇佑、赐福、保平安、带来幸福。虽然我国各地的地貌、气候、民俗习惯等存在较大差异,人们拜龙的目的不同,舞龙运动的表现形式也不同,但人们的文化价值诉求是相同的:龙文化彰显的是华夏文明的精髓,是中华民族的民族文化符号。流传于民间的舞龙运动经过人们的不断加工、创新,已发展成为我国最典型、最具代表性的民俗活动之一。今天,在党和政府的重视下,在非遗政策的保护下,舞龙项目在民间得到了良好的传承和发展,具有很强的时代感与实践性,展现出龙的魂魄和龙的神韵;舞龙运动从基于狭隘血缘关系的民族文化象征,升华为多元一体的民族文化象征。

第二节 龙舟竞渡

龙舟竞渡又称"赛龙舟""划龙船""龙船赛会"等,是历史悠久、民俗文化色彩浓郁、具有健身性和娱乐性的民俗体育项目,是我国龙文化的重要组成部分,现已成为一项赛制完善的竞技运动项目。

龙舟竞渡是中国民间的传统水上娱乐项目,可能起源于原始社会末期。随着历朝历代民间习俗的改变,龙舟竞渡文化历经自然性、自发性、节律性、创新性的文化模式,传播效应和影响规模越来越大。我国现已形成具有地域体育文化特色的民俗事象——"南人竞渡"。在国外,龙舟竞渡已遍及东南亚、太平洋海岛等地区,已成为有70多个国家参与的国际性运动项目。1984年5月16日,中华人民共和国体育运动委员会将龙舟竞渡列为正式比赛项目,正式形成竞赛规则,还规定了比赛的组别、项目、竞赛场地、设备、器材、裁判员的资格和职责、运动员的参赛资格和条件等;将龙舟竞渡的竞赛形式分为直道竞速、环绕赛、拉力赛,以计时评判成绩。1984年10月,广东佛山举行了全国首届"屈原杯"龙舟赛。1985年6月6日,中国龙舟协会在湖北宜昌正式成立。1985年7月,第二届"屈原杯"龙舟赛在葛洲坝三江航道举行。

一、龙崇拜、水嬉(戏)、龙舟、竞渡概念与关系阐释

(1)龙崇拜

中华民族自古就有对龙的崇拜民俗,龙舟是崇拜神灵的表征之一,自然就与龙崇拜结缘。《九歌》中有很多龙舟祭神的场面,如《东君》中的"驾龙辀兮乘雷"、《云中君》中的"龙驾兮帝服"、《湘君》中的"沛吾乘兮桂舟""驾飞龙兮北征"、《大司命》中的"乘龙兮辚辚"、《河伯》中的"驾两龙兮骖螭"等。[①] 远古时期环境恶劣,人类缺衣少食,龙舟祭神是人们祈求驱灾祛疫、安定富足的情感意识的共同选择。龙崇拜并不是来源于现实之物,而是来源于"苍龙七宿"。由于"龙"(苍龙七宿)是农耕社会观象授时的主要依据,与农时节令吻合,直接关系着民众的生活、生产,所以"龙"对农耕社会极为重要,重农必须重"龙",尚农必然崇"龙"。[②] 龙,"爻辞之所谓'龙',本义全谓天上的苍龙星象,而'潜龙勿用''见龙在

---

① 林河.《九歌》与沅湘民俗[M].上海三联书店,1990:157.
② 王若光,刘旻航."飞龙在天":端午龙舟竞渡习俗考源[J].民俗研究,2013(6):50-55.

田''或跃在渊''飞龙在天''亢龙有悔''群龙无首'云云,说的无非是苍龙星象自春至秋由升到降的周天运动"。生活在水域宽阔地域的人们,其与江河湖泊打交道是常事,如以捕鱼为主要生活内容的渔民,必深谙水性,且能制造和利用竹筏、舟船等水上工具。

(2)水嬉(戏)

劳作之余的水上游戏(水嬉)是人们增添生活娱乐内容的方式,形式很多,如歌舞、竞渡、杂技等。古代文献经常提及水嬉(戏),如司马相如的《大人赋》中有"奄息葱极泛滥水嬉兮,使灵娲鼓瑟而舞冯夷"[1]的记载;张衡的《西京赋》中有"于是命舟牧,为水嬉;浮鹢首,翳云芝"[2]的记载;《述异记》中有吴王夫差"作大池,池中造青龙舟,陈妓乐,日与西施为水戏"[3]的记载。民俗娱乐活动演变为民俗体育活动是普遍现象,水嬉(戏)演变为水上舟楫运动,再演变为竞渡运动,也是极有可能的。

(3)龙舟

龙舟是船上画着龙的形状或做成龙的形状的船。《说文解字》卷八云:"舟,船也。古者,共鼓、货狄,刳木为舟,剡木为楫,以济不通。"这说明舟船原本是交通工具。关于龙舟的记载最早见于《穆天子传》卷五:"天子乘龙舟鸟舟,浮于大沼。"(注:舟以龙鸟为形制也)后因谓天子之舟曰"龙舟",又端午竞渡之舟饰以龙形,亦曰"龙舟"。唐、宋、元、明、清各代帝皇均有临水观看龙舟的娱乐需求,此龙舟属于游戏之类。龙舟分"游龙"和"赛龙"两种:"游龙"体积大,装饰美观,称"龙船",重在游弋、展示服饰、旗鼓助兴;"赛龙"体积小,称"龙艇",有三桡至十五桡不等,重在竞划速。

---

[1] 司马相如.司马相如集校注[M].李孝中,校注.成都:巴蜀书社,2000:72.
[2] 张衡.张衡诗文集校注[M].张震泽,校注.上海:上海古籍出版社,1986:74.
[3] 李昉,徐铉,吴淑,等.太平广记[M].北京:中华书局,1961:1806.

（4）竞渡

目前能见到的较早的关于竞渡的记述有《初学记》和西晋左思《吴都赋》中的记载。《初学记》引周处《风土记》云："仲夏端午……采艾悬于户上,蹋百草,竞渡。"①《吴都赋》云："结轻舟而竞逐,迎潮水而振缗。"这一句描绘了渔民乘舟竞渡、布网捕鱼的生活场景。此"竞渡""竞逐"并不具有民俗体育的意义,但在此种生活状态下,游戏性的竞渡习俗已经呼之欲出了。② 水乡居民对舟楫的使用促进了竞渡活动的发展与完善。由于早期社会的人们的艺术、审美、工艺制作水平较低,民间多使用简易的舟楫、宫廷多使用"龙舟"进行竞渡娱乐活动。因此,只有在民间的竞渡活动成为社会民众的一种习俗并有一定的历史积淀后,竞渡活动才得以推广。

二、龙舟、竞渡、龙舟竞渡的区别与联系

龙舟是一种船,竞渡是一种水上运动,龙舟竞渡是一种以龙舟为工具的水上运动,三者的区别很明显。龙舟出现的时间很早,竞渡晚于龙舟,以龙舟作为竞渡专用工具的龙舟竞渡就更晚了,因此,有龙舟不等于有竞渡,更不等于有龙舟竞渡。龙舟与竞渡并无必然的联系,竞渡可以用龙舟,也可以用其他的舟,龙舟与竞渡的结合是竞渡运动长期发展的结果,直到宋代,"龙舟竞渡"观念才最后定型。③ 此观点与林河先生的观点一致。林河先生认为："在古代,端午节划龙舟的本意在于娱神而不在竞渡,竞渡是后起的风俗。"那么,龙舟与竞渡结合的初始阶段又在何时?根据古文献的明确记载,龙舟与竞渡的真正结合时期应在初唐与中唐之

---

①徐坚.初学记[M].北京:中华书局,1962:74.

②王若光,刘旻航."飞龙在天":端午龙舟竞渡习俗考源[J].民俗研究,2013(6):50－55.

③蔡堂根.论中国龙舟竞渡的起源[J].杭州电子科技大学学报(社会科学版),2015,11(1):51－57.

间。《资治通鉴·唐敬宗宝历元年》载:"己未,诏王播造竞渡船二十艘。"胡三省注:"自唐以来治竞渡船务为轻驶,前建龙头,后竖龙尾,船之两旁刻为龙鳞而彩绘之,谓之龙舟。植标于中流,众船鼓楫竞进以争锦标,有破舟折楫至于沉溺而不悔者。"这些文字明确记载了官方将竞渡之舟做成龙的形状。我国历史上有很多关于龙舟竞渡的记载与描述。唐代储光羲(约706—763)写道:"船争先后渡,岸激去来波。"诗人将龙舟在水面上争先恐后夺第一、激起层层波纹的场景描绘得淋漓尽致。唐代张建封在《竞渡歌》中这样写道:"棹影斡波飞万剑,鼓声劈浪鸣千雷。鼓声渐急标将近,两龙望标目如瞬。……前船抢水已得标,后船失势空挥桡。疮眉血首争不定,输岸一朋心似烧。"诗人将龙舟竞渡的激烈场景描绘得栩栩如生。明代田汝成《西湖游览志馀》载:"西湖竞渡……龙舟六只,俱装十太尉、七圣、二郎神杂剧,饰以彩旗、锦伞、花篮、闹竿、鼓吹之类。"①文章描绘了明代龙舟饰物繁多、华丽美观,在西湖水面上嬉戏的场景。战国时期的《楚辞》《山海经》等著作中也有关于龙舟的记载,那时龙舟的功能以娱人和娱神为主。②

另外,据《清朝野史大观》和《帝京岁时纪胜·里二泗》记载,明清两代不仅民间盛行龙舟竞渡,多位皇帝也有龙舟竞渡之举。③ 到了近代,人们对竞渡的认识是:传统习俗意义中的竞渡是指南方水域地区的人们在端午节期间划着船去走亲访友,在游乡途中碰到其他船只就随意比赛。

---

① 田汝成.西湖游览志馀[M].上海:上海古籍出版社,1998:52.
② 刘亚.广东省21市体育非物质文化遗产研究[J].山东体育学院学报,2011,27(10):31-36.
③ 胡娟.我国民俗体育的流变——以龙舟竞渡为例[J].体育科学,2008,28(4):21-27.

这种习俗年年相袭,并形成了最初的传统意义上的竞渡。① 我们从以上分析可知:龙舟与竞渡是两个不同的概念,但两者均植根于我国农耕文明的文化土壤。在我国独特的民俗风情与崇龙意识形态的主导下,人类生产、生活的合目的性与农时节令的合规律性的统一,使得龙舟习俗与竞渡习俗融为一体,推动了龙舟竞渡运动的发展与现代转型。

三、龙舟竞渡的起源

龙舟竞渡是我国优秀的民族传统体育项目和民族文化遗产,龙舟运动随着时代的发展与时俱进,傲然走出了国门,走向了世界。历时几千年的龙舟竞渡不仅繁荣了我国的龙文化,还使龙文化这一民间民俗传统在中华大地上熠熠生辉。这一切均与龙舟竞渡起源的神秘性、民俗性、民间意识形态的浓厚性有关。关于龙舟竞渡的起源,迄今为止,依然是众说纷纭,主要有以下几种说法。

(1)生产劳动说

远古时代的人们为了生存,在农耕之余会采集野果、捕鱼、猎物等,这是生活内容的一部分。据云南省博物馆的李伟卿研究员说,从晋宁到江川,有滇池、阳宗海、杞麓湖、抚仙湖、星云湖,是典型的高原湖泊区。人们在湖畔常可以找到很厚的螺壳堆积层,这说明远古时期滇池地区的居民曾以渔捞业为主要的生活来源。② 在捕捞活动中,人们"争先恐后"的水上劳动成为竞渡的原始雏形。在水网密布的南方,"陆事寡而水事众","以船为车,以楫为马"是竞渡活动的萌芽状态。③ 随着社会的发展、舟船

---

①胡娟,王凯珍. 从民俗到体育:龙舟竞渡的缘起及现代转型[J]. 体育文化导刊,2007(2):18-20.

②江立中. 龙舟运动发展的三种基本形态[J]. 湘潭大学学报(哲学社会科学版),1999,23(6):97-99.

③王若光,刘旻航. "飞龙在天":端午龙舟竞渡习俗考源[J]. 民俗研究,2013(6):50-55.

的普及,渔民们寓娱乐于劳动生产之中、丰收凯旋之后,日久天长,竞渡形式日趋多样化,竞渡习俗日趋成熟化、日常化。

(2)图腾崇拜说

龙图腾是中华各民族共同信仰的吉祥物,古越族及南部水居民族更是把龙图腾作为祖先兼保护神来加以崇祀,他们在每月初五这一天,都要举行一次大的图腾祭。在古代,从帝王到普通百姓都对龙怀有虔诚的敬仰之心。帝王以真龙天子自居,视龙为守护神,以龙袍、龙椅、龙柱、龙榻等龙系列的装饰品显示朝廷的威严、增强朝廷的威慑力,以统治王朝。《穆天子传》记载:"天子乘龙舟鸟舟,浮于大沼。"这描绘了帝王乘坐的船呈龙形行于水上的情形,表现出帝王对龙图腾的崇拜与敬仰。普通百姓更是希望获得龙图腾的庇佑与保护,"龙主雨水"一直是人们固有的观念,史书中也多有记载,如《管子·形势》写道:"蛟龙,水虫之神者也。"《吕氏春秋·有始览》中有"龙致雨"等。汉代以后,无论人们观念中的龙如何发展,"龙为水物、生水、与雨水相关这一基本性质始终都没有改变"①。在自然界发生旱涝灾害时,人们举行各种仪式,祈求"龙神"消灾降福,保佑风调雨顺、五谷丰登。龙舟是人们表达对龙图腾的崇拜之情的物质载体,如清嘉庆版《宁波府志》记载:"八月各乡祠庙为会祀神,以龙舟竞渡,谓之报赛。"

(3)军事战争说

军事因素充斥于竞渡活动中,致使早期的竞渡舟与当时的战船形态一致:船身狭长,船上的桡手较多。在汉末、三国时期,巴陵地区一直是军事上的重要地区。当地的战争多为水军之战,刘表、曹操非常重视水军的操练,而赤壁之战则呈现了水军战役的军事实况。据《三国志》记载,赤

---

①罗二虎.龙与中国文化[M].海口:三环出版社,1990:22.

壁之战中,东吴军"取蒙冲、斗舰数十艘,实以薪草、膏油灌其中……又豫备走舸,各系大船后"①。关于"蒙冲",《释名·释船》称:"外狭而长曰蒙冲,以冲突敌船也。"②关于"走舸",《通典》称:"走舸,舷上立女墙,置棹夫多,战卒少,皆选勇力精锐者,往返如飞鸥,乘人之所不及。"③我们从这里可以看出,"蒙冲""走舸"都与竞渡舟类似,且有船形狭长、桡手众多、航速极快等特点。此后,后世的水军战船多模仿竞渡舟而制造。东吴舟船事业的发展为我国民间竞渡的兴起创造了前提条件。④ 唐宋之后,大量龙舟被用来作战、训练水军则是龙舟竞渡盛行的重要原因。

(4)祭祀祈福说

古人迷信,把农历五月当作恶月、毒月,认为五月万事皆不吉利。《太平御览》印东汉董勋《问礼俗》曰:"五月俗称恶月,俗多六斋放生。"民间传说在农历五月初五这天,阴阳之气相争,阴气胜出,邪祟、鬼魅、百毒、瘟疫将随着酷暑的到来而慢慢猖獗,于是五月又被称为"恶月",因此要用各种方式禳灾避恶,而端午正是九毒日之首。在这一天,中国有许多避邪驱毒的民俗,如喝雄黄酒、插艾草。民间还有"烂五月"之说,因为在农历五月,衣物、木料、藤制品很容易受潮、霉变、腐烂,这其实是因为五月气候温热多雨,有时还会乍暖还寒。古代中国人也称五月为"郁蒸",因为五月气压低、湿度大、气温高。针对"恶月""毒月",民间有五月五日龙舟竞渡的习俗。《长沙府志》中有"端午……坊市造龙舟,竞渡夺标,俗以为禳疫"的记载。因此,龙舟竞渡很可能就源于人类征服自然、崇仰神龙

---

①陈寿.三国志[M].北京:中华书局,1959:1263.
②刘熙.释名疏证补[M].毕沅,疏证,王先谦,补.上海:上海古籍出版社,1984:383.
③杜佑.通典[M].长沙:岳麓书社,1995:2185.
④陈明伟,谢翔,王艳琼,等.龙舟运动文化"破与立"的流变阐释[J].山东体育科技,2015(5):103-107.

的一种宗教性的民俗活动,带有相当的迷信色彩。①《武陵竞渡略》又载:"桃符、兵罐二物,船人临赛掷之以祈胜。非也。桃符能杀百鬼,乃禳灾之具;兵罐中所贮者米及杂豆之属。"②文中提及的桃符应该与后来出现的禳灾观念相关,目的就是借龙舟竞渡来娱神,以驱毒逐疫。

(5) 人物纪念说

一些传说认为,竞渡源于纪念勾践、伍子胥、曹娥、屈原等英烈人物,且从文献记载中可见其端倪。《越地书》中有龙舟竞渡"起于越王勾践"的记载,《荆楚岁时记》有"斯又东吴之俗,事在子胥"的说法,民间还存在竞渡源于纪念孝女曹娥的传说。说竞渡源于纪念屈原的文献较多。《隋书》是最早记载竞渡习俗的正史,其《地理志》载:"屈原以五月望日赴汨罗,土人追至洞庭不见,湖大船小,莫得济者,乃歌曰:'何由得渡湖?'因尔鼓棹争归,竞会亭上。习以相传,为竞渡之戏"③。《荆楚岁时记》称:"五月五日竞渡,俗为屈原投汨罗日,伤其死,故并命舟楫以拯之。"④林河先生认为:"端午竞渡与屈原投江有渊源关系,倒也切题。很可能因纪念屈原之说在全国流传后,竞渡才盛行起来。"爱国诗人屈原的英勇就义行为使龙舟竞渡习俗流传并盛行于古时楚、越、吴三国,也使端午节赛龙舟、吃粽子成为一种广为流传的民间习俗。民间以龙舟竞渡祭奠屈原,从追悼上升为纪念,使屈原、端午、龙舟成为一脉相承的整体,也让龙舟活动演

---

① 姚正曙,何根海.龙舟竞渡的起源探析[J].成都体育学院学报,2000,26(6):36-38.

② 杨嗣昌.武陵竞渡略[M].//陶珽.说郛续:第二十八.杭州:两浙督学周南李际期宛委山堂刻本,1646:6.

③ 魏征,令狐德棻.隋书[M].北京:中华书局,1973:897.

④ 王毓荣.荆楚岁时记校注[M].台北:文津出版社,1988:163.

变为上至宫廷下到民间的端午习俗。① 直至今日,我国各地依然沿袭这一习俗。

第三节 妈祖民俗体育

一、妈祖信俗概况

2006年5月20日,妈祖祭奠民俗经国务院批准被列入我国第一批国家非物质文化遗产名录;2009年9月30日,世界联合国教科文组织将妈祖信俗列入世界非物质文化遗产,妈祖信俗成为中国首个信俗类世界遗产;2010年,国家把湄州妈祖文化节升格为国家级庆典。天下妈祖出湄洲,我国福建莆田湄洲妈祖民俗信仰是世界妈祖信仰的中心,可以说,妈祖信俗在我国信俗类民俗事象中具有典型的代表性,是我国民俗文化的骄傲。妈祖是中国民间最有影响力的海上女神,海神信仰是沿海民众敬畏海洋、祈望人格化的海洋神灵带来洪福、安全的心理反应;从祛灾角度看,海神信仰也是几千年来先民抗拒海洋灾害、寻求心灵慰藉的一种方式。②

根据来源的不同,海神可以划分为五类:动物图腾崇拜与早期的海神、人兽同体的海神、人神同形的海神、由人鬼转化成的海神,其他海神信仰与淫祀。③ 在海神信仰体系中,龙王、妈祖属于全能神。

---

① 向军,方千华.端午龙舟竞渡滥觞之解谜[J].南京体育学院学报(社会科学版),2015(4):45-52.
② 蔡勤禹,赵珍新.海神信仰类型及其禳灾功能探析[J].中国海洋大学学报(社会科学版),2015(3):25-29.
③ 曲金良.海洋文化概论[M].青岛:青岛海洋大学出版社,1999:142-151.

我国妈祖信仰起源于北宋,其后迅速传播,涉及经济、政治、宗教、民俗、军事、外交、文学、艺术、教育、科技、华侨、移民、医药等诸多领域。①宋代学者陈宓诗云:"但见舳舻来复去,密俾造化不言功。"这句诗充分体现了妈祖为保护他人生命,不计个人得失与生命安危,把救人当作自己的责任,积极行善,救助生命的高尚行为,体现出妈祖对生命的关照和庇护。② 妈祖信仰的主体来自民间传说(据说是由真人真事演变而来的),然后是传说的历史化和神化,最后形成普遍的妈祖信仰。

关于妈祖的各种传说不计其数,由历代百姓所创造,以在民间口耳相传为主要传播形式,也以小说、戏曲、歌舞、诗词、纪念品等形式传播。妈祖原名林默,又叫林默娘,生于宋太祖建隆元年(960年)农历三月廿三,卒于宋太宗雍熙四年(987年)九月初九。现以农历三月廿三为妈祖诞辰日,以九月初九为妈祖升天日,予以祭祀。妈祖生前以救助海难为己任,为百姓治病,为行船预报天气或护航等,做了许多好事,羽化后被当地那些盼望神明保佑和庇护的乡人神化。乡人建祠祭祀,妈祖信仰由此产生,且逐渐成为一种常规化的民间信仰习俗。在妈祖一生短暂的27年里,她热爱劳动、热爱人民、见义勇为、扶危济困、抗灾御患、护国庇民。妈祖去世后,人们把她塑造成一位慈悲博爱、消灾解厄、祛病孕育的多格神。③如航海的人传说常见林默身着红装飞翔在海上,救助遇难呼救的人,保护中外商船平安航行,拯救遭遇海难的渔民。在这种说法中,妈祖依然是海上保护神。后来,当她的职能逐渐扩大时,无论是商人还是手工业者都认为妈祖能帮助他们排难解困。

---

① 黄瑞国.妈祖学概论[M].北京:人民出版社,2013:69-86.
② 李露露.妈祖信仰学[M].北京:学苑出版社,1994:18-37.
③ 郑金林.妈祖文化中的生命伦理意蕴[J].赤峰学院学报(汉文哲学社会科学版),2016,37(1):156-157.

妈祖是人们以中国东南沿海为中心的海神信仰,其在神化的过程中又被称为"天上圣母""天后""天后娘娘""天妃""天妃娘娘""湄洲娘妈"等,在宋、元、明、清受到的国家祀典就达36次。民间视她的生辰为"圣日",人们在这天进天后宫或妈祖庙焚香祭拜,希望通过香火诉说祈求妈祖庇佑、航行通畅、国泰民安、事业有成、消灾免难等愿望,从而在心理上获得安慰、宁静与满足,增强克敌制胜的信心与勇气。另外,人们还通过演戏、游神以祈风调雨顺、平安兴旺,家家户户要备办供品。人们总希望通过妈祖祭祀或相关活动将妈祖博爱、扶弱济贫、勇敢无畏、不屈不挠的精神和尽孝的观念发扬光大,把妈祖文化精髓融入日常生活,并传给下一代。

随着历代皇帝的崇拜和褒封,妈祖由民间神升为官方的航海保护神,神格越来越高,传播面越来越广,自福建传播到浙江、广东、台湾,由莆邑一带走向内陆,北上天津,西进四川。妈祖信俗也随着中国人的足迹传遍世界各地,在日本、泰国、马来西亚、新加坡、越南等20多个国家有信众两亿多人,妈祖信仰圈成为东亚海洋经济及社会结构形成的历史见证之一。海外华人同样建庙祭祀妈祖,根本目的是铭记祖先。总之,妈祖信仰从产生至今,经历了一千多年,聚集了中华民族的传统美德和崇高的精神境界;作为民间信仰,妈祖信仰延续之久、传播之广、影响之深都是其他民间崇拜所不曾有过的。这种信仰把人类与自然、自然与超自然融为一体。

今天,中国政府高度重视妈祖信俗的发展与文化建设。早在1988年6月,福建省人民政府就批准了开发湄洲岛为对外旅游经济区的提议;1992年4月,湄洲岛被国务院批准为国家旅游度假区并设立台胞专项旅游落地签证等;2004年6月,国家民政部批复同意成立"中华妈祖文化交流协会";2009年5月,国务院出台《关于支持福建加快建设海峡西岸经济区的若干意见》,首次提到妈祖文化在促进海峡两岸交流中的重要作用。这些政策与措施的提出与实施有利于大陆与台湾的交流与合作,有利于推动祖国统一大业的实施、维持世界的和谐发展。妈祖信俗是信众对乡土及乡土文化的回归与瞻仰,是华人华侨的精神家园。

二、妈祖民俗体育项目介绍

(1) 妈祖民俗体育及其传播概况

妈祖民俗体育是在妈祖信众较为集中的居住地区,人们创造并形成传统而传承下来的一种身体运动习惯。[①] 我国古代有关妈祖的文献史料曾记载了祭祀妈祖的盛况。元朝诗人何中在《莆阳歌五绝》中写道:"天妃庙前社日时,女郎歌断彩鸳飞。林花满地瓜船散,城里官人排马归。"可以看出,元代就有祭祀妈祖的民俗活动了,同时伴有歌舞表演,有人骑马、坐船从城里来,有官人参与,也有普通民众参与,人们甚是重视妈祖的信仰活动。随着对外经济、文化交流深度与广度的增加,妈祖信众从福建莆田地方民间扩展至海外,具有浓厚原生态性质的妈祖民俗体育也随之传播至海外,且在传播、传承过程中内容不断丰富,还与当地具有本土特色的民俗元素和运动元素相互融合,得到了进一步的创新发展,满足了人们娱乐、欣赏、锻炼、心理等需求。如在郑和七下西洋时,在波澜壮阔的海面上,惊涛骇浪、暗礁岩石、冰山、旋涡等各种危险随时都可能遇到或者发生,妈祖信仰是船员们最强大的精神支柱。当他们经历千难万险行至马六甲时,妈祖信仰带着人们对人性、平安的渴望与追求,冲破地理、环境、教育的差异,与马来西亚、印尼、新加坡、菲律宾等东南亚椰风蕉雨岛国结缘了,逐渐渗透到东南亚的民俗中,依附于庙会、节俗、表演、民间艺术等多种形式,植根于异域。这个时期也是妈祖信仰向海外传播的一个高峰

---

① 刘青健. 妈祖民俗体育探析[J]. 体育文化导刊,2010(5):128-131.

期,见证了中国与东南亚地区文化交流的历史。2003年,马来西亚的雪隆海南会馆以正信教化的方式恭请莆田湄洲祖庙妈祖金身巡幸槟城、柔佛、马六甲等州属,并举行史无前例的妈祖千秋寿诞大典。① 现在,欧洲和美洲也有了妈祖庙。在我国,妈祖民俗体育与其他民俗体育一样,主要依附于信众集聚地的居民的生产劳动、岁时节令、祭祀、信仰崇拜等活动。妈祖闹元宵(农历正月初七至二十)、妈祖诞辰(农历三月廿三)、妈祖升天(农历九月初九)这三个节俗事象时期是人们隆重开展妈祖民俗体育系列活动的集中时期,也是妈祖民俗体育活动开展得最活跃的时候,人们通过巡游、接驾、平安忏、拜祭、表演、海事等多种形式的民间文体娱乐活动表达人神共庆的欢愉,现场锣鼓喧天、火树银花,热闹非凡;另外,在天后宫、妈祖阁、妈祖宫等各种妈祖庙宇中,人们还会虔诚地焚香朝拜,表达祈求战胜自然、保佑平安的精神夙愿。妈祖民俗体育已融入人们的日常生活中。

(2)妈祖民俗体育的主要内容

妈祖被沿海渔民尊为女海神。妈祖信俗历史悠久,自宋朝开始一直被民众所尊崇和信仰,甚至传播至国外。妈祖信众所创造的纪念妈祖海神的活动依附于庙会活动、祭祀活动、节俗活动、民间艺术活动等多种活动,内容极其丰富,如在妈祖诞辰周年庆、天下妈祖回娘家、妈祖文化旅游节等庆典活动中,人们表演妈祖舞、舞龙、舞狮、腰鼓、踩高跷、车鼓、木偶戏等具有娱乐性、观赏性的民俗体育项目,节日气氛格外热烈与祥和。妈祖民俗体育活动的品类很多,下面我们做些介绍:

---

①黄亦琳.妈祖民俗体育现状调查与发展对策研究——以福建莆田湄洲妈祖民俗体育为例[D],重庆:西南大学,2014.

①妈祖舞

妈祖舞是妈祖故乡湄洲岛民间举行的传统庆元宵活动,或称"妈祖元宵""闹妈祖",是湄洲祖庙及湄洲岛各行宫在正月初六至十八之间闹妈祖时表演的。人们怀着赤诚之心,以自己的肢体语言诠释对神的崇敬之情,以表达对妈祖海神显灵护船、拯救海难等的感激之情,也期望妈祖在新的一年里能带给人们平安健康,期望来年风调雨顺。妈祖舞经过上千年的演变,已成为莆田地区的春节习俗,后来经妈祖信众的推广,流行于我国福建等地区以及菲律宾、新加坡等国家。耍刀轿、摆棕轿是妈祖舞的重要内容,是各种妈祖节庆仪式中不可缺少的运动性表演类项目,也是各种妈祖信俗活动中最吸引人的娱神娱人项目。耍刀轿、摆棕轿有其固定的、传统的仪式结构与规范动作,且表演者均为男性。闹妈祖仪式的男性表演主要基于两个原因,一是在闽地的其他仪式中,祭奠活动不允许女性参与,怕冲去神性的保佑,祭祖仪式即是如此;二是长期出海打鱼和货运的船工主要是男性,当地人认为这些男性平安地往来于海上是因为他们受到了妈祖神的保佑,这种保佑不仅让他们得到了丰富的物质生活资料,而且也使他们获得了精神上的安慰,因此,那些海民要用他们亲历的舞蹈感谢妈祖给他们的恩惠,感谢神给予他们力量。① 今天,耍刀轿、摆棕轿仍是妈祖信俗的核心礼仪内容之一,是创造于民间又传承于民间的传统项目,是妈祖信俗非物质文化遗产中的重要内容。

A.妈祖舞之耍刀轿

耍刀轿是在抬妈祖神像出宫的过程中表演的传统民俗活动项目。妈祖神像走出宫庙,绕境巡安,传播和平和博爱精神——这是妈祖信众的信

---

①陈育燕.湄洲岛妈祖仪式之"摆棕轿"舞蹈探究[J].北京:北京舞蹈学院学报,2010(1):101-105.

赖之魂、依赖之根。耍刀轿的表演人员分为四部分:抬神像人员、陪神像人员、"乩童"、锣鼓队。耍刀轿主要表现的是"妈祖赋予陪神斩妖除恶的举动"。"乩童"代表神,具有驱妖避邪的作用。活动仪式由两部分组成。活动的第一部分由"乩童"在神像巡境过程中坐在刀轿上表演。"乩童"头戴古代将军冠帽,身着红色战袍,一手拿令旗,一手持宝剑,坐在靠背、扶手、脚蹬各安三把利刀的轿子上。待其坐定,四个精悍青年后生抬起轿子,向村子走去。表演过程中,"乩童"须稳坐在刀轿上,背靠三把利刀,并赤脚踩踏座下的三把利刀,同时将手上的两面三角令旗在胸前交叉,以令旗开道指路。此时,"乩童"舞蹈开始,其动作主要为"前俯后下板腰""左右拧身挥动令旗宝剑""上起和重坐下挥旗"。[1] 刀轿上的利刀是一种驱邪斩妖的神器,"乩童"手上的令旗代表神明力量。到了村子的广场(目的地)之后,"乩童"和抬陪神的各组青年后生共同表演舞蹈的第二部分。在激烈的锣鼓声中,"乩童"和两位持福灯笼的长者位于广场中间,与抬陪神的青年轮流面对面舞蹈。六人一组的抬陪神青年后生以一手叉腰、一手抬轿的舞姿轮流下场,均以蹲裆步、面对中央的"乩童"和福灯笼为中心迅速呈逆时针方向连续绕场数圈,同时做抬轿动作。绕圈的次数少则四圈,多则五六圈,全凭力气和兴致。在鼓乐的伴奏下,表演使人对神产生敬畏和崇拜之感,表演者欢快的跳跃动作加上服装颜色之美又使人心情愉悦、精神振奋。整个活动将信众对神的敬仰、"神"给予人的关爱表现得淋漓尽致,体现出祭事性和娱乐性的融合。

B. 妈祖舞之摆棕轿

该舞亦是用来祈求妈祖赐福、驱邪的。摆棕轿是福建莆田地区一种古老的民俗活动,也是元宵节期间当地最常见、最疯狂、最热闹的传统娱

---

[1]刘青健. 妈祖民俗体育探析[J]. 体育文化导刊,2010(5):128-131.

乐活动之一。人们围在燃烧的篝火(火堆)边,表演者抬着用棕料做成的轿子(每座棕轿上贴有神符,各村的棕轿上都会放上一尊本村供奉的菩萨)在锣鼓声中绕境巡游,一次又一次地将轿子高举又降下,一圈又一圈地快跑疾跳,围观的人群也随着强烈节奏呐喊助兴。据当地的老人说,各地的棕轿舞各有不同:有摆着棕轿不停地绕埕的,有沿街巷快速奔跑的,有把棕轿绞在一起绕火堆连续转圈的,还有抬棕轿跳过烈火以表达"新年火旺旺"之愿望的。熊熊烈火,滚滚烟尘,表演者摆得快、转得猛,互不服输,观看者不停地呐喊助威,整个活动人声鼎沸,气氛异常活跃。

莆田市人民政府网发布的《疯狂的摆棕轿》写道:棕轿表演中,规模最大的要数城厢区南门村的棕轿表演。正月十五下午两点,南门境内6个社的棕轿队从寿光义社出发,开始绕境表演。南门棕轿的摆法与众不同,两个青壮年抬着棕轿,在跑动中不停转动手中的棕轿。一路上,42架棕轿轮番跳过一堆堆旺火,每到一个社就要为敬神而表演。绕完6个社后,棕轿队回到寿光义社的大埕。这时,代表6个社的6堆干草被点燃,6支棕轿队同时上场,围着代表自己社的火堆表演,看谁摆得快、转得猛。在四周锣鼓声和观众的呐喊助威声中,小伙子们使出浑身气力不停地跑啊转啊,火小了立刻添草,人累了马上替换,总之就是不能让自己社的棕轿先停下来。在这一波高过一波的摆棕轿竞赛中,谁也不服输,直到100担干草烧完为止(正应了"新年火旺旺"的愿望)。活动结束后,由6个社的12个福首共同请客,大家一起吃福饭。

②妈祖车鼓

莆田妈祖车鼓已经被列为福建省省级非物质文化遗产。妈祖车鼓,俗称"草锣鼓""镲锣鼓""车鼓""车鼓队""莆田车鼓",是元宵节及其他喜庆节日时莆田常见的传统民俗文艺表演形式之一,也是妈祖信众迎神时为神明开道的仪仗队的表演内容。

车鼓,作为一种传统民俗项目,更通俗的名称是"镲锣鼓"。顾名思义,车鼓表演是镲、锣、鼓等几种打击乐器的大合奏。车鼓表演所用到的镲是直径四五十厘米的大钹。之所以把大钹称为"镲",是因为莆田人把各种大小不一的钹通称为"钦镲",简称其为"镲"。锣则分为金(莆田人把直径七八十厘米的大锣称为"金")、平锣和号称"童子圈"的凸脐锣三种。鼓是直径一米左右的牛皮大鼓。车鼓乐队由一面大鼓、数十对大钹、两面金、数面平锣和凸脐锣组成。行进时,一旗手为前导;紧接着的是两面大金,由两人每人各扛一面,每面大金后面各有一人充当金手鸣锣开道;鼓手处于中心位置,牛皮大鼓被置于一特制的带轮子的鼓架上,由两名车手推着前行;数十名钹手排成纵队,分列鼓手两旁;殿后的是数名锣手。正宗的传统车鼓队由旗手、金手、鼓手、车手、钹手、锣手组成,车鼓乐击打有序,钹手、锣手均受鼓手指挥。敲鼓帮,震鼓边,击鼓心,随着鼓槌的上下起落,花样不断变幻,左右开弓的熟练鼓手能够击出许多节奏不一的鼓点。锣手适时敲响铜锣,钹手根据鼓点的轻重缓急,把双钹翻飞到最大的弧度再猛力合击,击出富有韵律的喧天巨响。清脆的锣声、激越的鼓点声、铿锵的钹响声交相辉映,活动现场热闹非凡。莆田车鼓本是须眉的专利,经过历史的演变,也许是狂欢气氛的感染,巾帼们纷纷加入车鼓阵中,对传统的车鼓进行改造。她们在彩旗、宫灯、凉伞中穿梭插花,不断变换队形,直看得观众眼花缭乱,目不暇接。

在现在的莆田城乡,车鼓队相当普及,但凡有奠基落成、开张剪彩、祝捷迎宾等种种盛典喜事,人们都能在现场看到车鼓队精彩的表演。最隆重的车鼓盛会当属每年农历正月十九日涵江的城隍庙会。那一天,区内所有的车鼓队都来参加,浩浩荡荡的队伍摆成几里长龙,数十面大鼓齐摇,数千对大钹齐击,数百面大锣齐敲,巨大的声浪排山倒海,巨大的声响惊天动地。人们闻声而动,万人空巷,先睹为快。每支车鼓队游过长街,依序一一来到鲤江(城隍)庙前,表演自己最拿手的绝活。每到那时,只见观看的人熙熙攘攘、摩肩接踵,蔚为壮观。

③妈祖出游

妈祖出游的寓意是,通过绕境来驱除邪气,在新的一年中庇护合境黎民。妈祖在各地分灵的情况不一样,妈祖出游的时间也不同,多集中在元宵节、农历三月廿三、农历九月初九、国庆节等时间。妈祖出游的习俗盛行于妈祖的故乡莆田和莆田周边、沿海一带。一般而言,妈祖宫庙会占卜一个吉日,选定一个或数个福首,组织一支包括仪仗队、清道夫、彩车、马队、车鼓队、腰鼓队、乐队、銮舆等的巡游队伍,进行绕境。巡游过程中有彩车、妆阁、作鼓等表演,乐声阵阵,鞭炮隆隆,锣鼓喧天,欢声雷动,气氛热烈,一片升平盛世、国泰民安的景象。信众在自家门前摆好香案接驾,并到街巷迎驾,各设敞棚陈列供品。当妈祖銮驾出现时,他们跪拜、作揖、放鞭炮、燃篝火,有的还给妈祖"挂胆",更多的人则是在妈祖巡游路途中驻足等候,夹道欢迎、拜妈祖。出游队伍甚长,见头不见尾;巡游队伍井井有条,悠闲文雅。

湄洲祖庙的妈祖金身出游活动原来只在湄洲岛内举行,一般要到黄昏才回宫,宫中自有接驾的仪式。如果境内村庄多、路程远,湄洲祖庙一般就会预先问卜好要驻跸在哪个宫庙,然后在黄昏时驻跸,第二天再开始出游。1997 年初,妈祖金身千年来第一次去台湾巡游,历时 100 天,巡游 19 个县市,驻跸 35 座分灵庙,行程万余里,朝拜的信众达上千万人次。此后,妈祖出岛巡游成了新俗,湄洲妈祖金身又应邀赴金门、澳门巡游。2009 年,祖庙妈祖在莆田市全境巡游,每次出游都引起轰动。妈祖巡游让更多的人了解了妈祖文化并参与到了传承妈祖文化的活动中来,也让妈祖文化成为海峡两岸之间以及海外侨胞和祖国联系的一条纽带。

今天,妈祖出游是莆田的特色文化习俗,是农民在农事休闲时开展的一种较大规模的群众性文化娱乐游行。上至八旬老者,下至五六岁的稚童,男女均可参加。千人列队,一路旌旗飘扬,鼓乐喧天,观者夹道,十分热闹。出游队伍有大锣、大灯、彩旗、横批、旗牌、宣传牌、古铜器、龙牌、执事、放事、花旦、十音、八乐、车鼓队、军乐队、看马队、弄龙、弄狮、八班、皂隶、神卒、旗牌官、高官、矮吏、香亭、神轿以及装扮成历史人物的人等。一路上,人们载歌载舞,共庆升平。①

④木偶戏

2010年11月25日,木偶戏入选莆田市第三批非物质文化遗产名录。木偶戏,古称"傀儡戏"。学术界普遍认为木偶艺术"源于汉,兴于唐",有着深厚的群众基础和世代传承的特点。表演木偶戏时,演员在幕后一边操纵木偶一边演唱,并配以音乐。根据形体和操纵技术的不同,木偶可分为布袋木偶、提线木偶、杖头木偶、铁线木偶等。就我国现在的情况而言,历史最悠久、种类最多、形态最生动、内容最丰富的木偶戏当数福建的木偶戏。明代莆田籍状元柯潜的《重修陈庐园记》可印证唐末五代其间泉州傀儡戏的流行,其中有北宋初年任泉州清源军节度使的陈洪进(字济川,祖籍仙游枫亭)"显德中……归里修祭,作傀儡郭郎戏,观者如堵"②的记载。其时,莆田、仙游均属泉州清源军所辖,可见,弄傀儡作为祭祀仪式中的戏乐演出在当时的闽中和闽南已流行成风。在闽南人的社会生活中,木偶戏不仅是文化生活的一部分,而且是宗教或民俗生活不可或缺的

---

①刘青健.妈祖民俗体育探析[J].体育文化导刊,2010(5):128-131.
②柯潜.重修陈庐园记[M]//郑得来,郑孝赐.连江里志:卷一.手抄本.1728(清雍正六年).

重要组成部分,与闽南人生命中的生、老、病、死的生命仪俗密切相关。闽南地区民众社会生活对于木偶艺术的现实需要促进了此地区木偶戏的繁荣与发展。如前台二人、后台三人的木偶班社"农家班",其赛愿酬神、新婚吉庆、禳灾祈福、普度超亡四大类演出极其活跃。叶明生在《闽南傀儡戏与闽南人社会生活关系探讨》一文中指出:农家班是闽南及泉州傀儡戏最大的群体,分布于闽南城乡各地,其主要服务对象是农民,不仅有祠堂祭典、庙会社火、大型墟市、行业庆典的大型社会场合的演出,而且还有广大民众家家户户于一年四季中的禳灾祈福、喜庆赛愿、婚丧喜事等演出需求,这是傀儡戏最大的市场,也是闽南傀儡戏生存和发展的源泉。① 荷兰人伦纳德·鲍乐史于明万历三十年(1602年)所著的《荷兰东印度公司时期中国对巴达维亚的贸易》一书中也说道:由厦门启航,海员们从木帆船上的神龛中取出海上女神妈祖的塑像,列队携至寺庙并献上祭品,以祈求航行一路平安。这种对寺庙(指妈祖宫)的礼拜经常伴随着木偶戏的演出。时至今日,木偶戏仍流行于莆田市各地及兴化方言区,一直为莆田人民所喜闻乐见。

莆田木偶戏的精髓当属莆仙戏,其在莆仙地区的俗称为"柴头仔戏"。供木偶戏演出用的戏台一般高60~100厘米,戏台长宽均约4米,呈正方形;也有的戏台台宽2.3~2.7米、台深3.30米。戏台右边为表演区,左边为乐队演奏区,台上铺草席一条。舞台后方设置一道屏幕,上绣吉祥图案,后来增至3~5道,色彩各异,或画有厅堂、宫殿、水府等典型场景,演出时根据剧情需要随时变动;屏前为表演区,人物从左右两侧登台表演。仪式戏是莆仙木偶戏中最具特色的宗教性剧目,包括尊者戏(即

---

① 叶明生.闽南傀儡戏与闽南人社会生活关系探讨[J].闽台文化研究,2014(1):88-102.

目连戏)、愿戏、戏戏、北斗戏、彩戏等不同题材及仪式表现形式的剧目。"尊者戏"是木偶戏班对目连戏的称呼,是在为亡者所做的超度亡魂的仪式中所演的宗教仪式剧;愿戏专指表演戏神田公元帅的出身故事并借以还愿的剧目,在莆仙地区的木偶戏班和莆仙戏班均有演出,但各地叫法略有不同,有"愿戏""愿簿""田智彪""田公出世"等;戏戏是一种专为民间小孩出麻、出痘(出天花,俗称"出珠")向夫人神(临水夫人)祈求平安的仪式戏;北斗戏是莆仙木偶戏禳灾祈福民俗仪式活动中的特有剧目,其演出目的通常是酬神还愿。①

第四节 傩与傩舞

一、关于傩、傩仪、傩舞、傩戏概念及其关系的阐述

傩是一种具有悠久历史的文化形态,国内外古老的国家或地区均有傩文化的发展、演变痕迹,如14～16世纪欧洲大陆盛行的宫廷假面剧、17～18世纪意大利的即兴喜剧、印第安人的图腾饰物、非洲原始部落民族的文身、欧美的化装舞会等。在我国,上古时代迷信色彩浓厚的宗教活动、巫祭活动就是典型的傩文化的外在表现形式。可以说,广义的傩文化是宗教文化和巫祭文化的集合体。目前,尚没有文献对"傩"下全面而准确的定义,专家、学者也各有说辞,如刘锡诚在《傩祭与艺术》一文中说:"傩是古代流行在中原地区的一种祭仪,其目的在于驱鬼逐疫、祈福禳灾、保佑平安。"我国著名的巫、傩史学家林河先生将巫傩视为南方早期农耕文化和北方游牧文化的复合体。中国傩戏学研究会会长曲六乙和江

---

①周雪香.莆仙文化述论[M].北京:中国社会科学出版社,2008:440-441.

西傩戏学家钱茀在他们合著的《中国傩文化通论》中提道:"傩是多元宗教文化、民俗文化、艺术文化的融合体,是一个在时空上跨时代、跨社会、跨民族、跨国界的庞杂而神秘的文化复合体。在漫长的历史长河里,它是传统文化中的一个宠儿。"近几年,大多数学者对傩也达成了一定的共识,认为傩是一种信仰、一种祭奠仪式、一种巫术、一种组织、一种制度、一种民俗活动、一种准宗教活动。[1] 傩的宗旨是驱鬼逐疫,即驱逐恶鬼、厉鬼、瘟疫、恶疾,目的是祈求神灵保佑百姓过上安宁的生活。傩仪是驱鬼逐疫的巫术仪式,即由巫师(宗教职业者)为驱鬼、敬神、逐疫、去邪所进行的宗教祭祀活动,也被称为"傩祭"。在远古时代,科学落后,生产力落后,人们意识朴素、认识直观,对闪电雷鸣、自然灾害、人间的生老病死等现象感到迷茫而害怕。古人在巫术理念与思维的指导下,遇到无能为力的灾难时所能想到的解决途径多半也只能是巫术。他们怀揣着对神的信仰和对巫的崇拜,祈求法力无边的神灵驱除作祟的疫鬼,认为天灾人祸不再降临,人们就会远离灾难,生活就会平安、幸福。因此,民俗信鬼而好祀。傩师所唱的歌和所跳的舞分别被称为"傩歌""傩舞"。傩戏是由傩祭、傩舞发展起来的一种宗教与艺术相结合、娱神与娱人相结合的古朴、原始、独特的戏曲样式,一直在民间传承,成为我国傩文化的"活化石",其演变过程为傩祭—傩舞—傩戏。

总之,傩是一种文化形态,是人类文化的一种共生现象;傩祭是傩文化的主要内容;傩文化是民俗文化、巫文化的重要组成部分,有着悠久的历史和丰富的内涵,扎根于民间,极具晦涩、神秘之特征;傩祭后又发展为傩舞、傩戏。随着佛教、道教文化的兴盛,傩文化逐渐吸收了它们的神灵体系,如弥勒佛、如来佛、观音、十八罗汉、哼哈二将等佛教菩萨和护法神,

---

[1]王童.傩舞的形成、傩文化特征与历史价值[D].西安:陕西师范大学,2008.

太白金星、紫微大帝、八大神仙、六丁六甲等道教神仙和护法神将,增强了傩祭巫师驱鬼逐疫的法力的威力。傩祭由宫廷走向民间之后,民间游艺成分不断增多,傩祭、傩舞、傩戏在民间获得新生。

二、傩的发展、演变历程

关于"傩"字的本义,观点众多,难以统一;对于傩的研究领域,我们可以用"百家百个号,千人千个调"来概述。傩大概起源于旧石器中晚期。原始人在狩猎活动中企望获得超自然的威力,以抵御恶劣的气候和猛兽的袭击,法术、巫术、驱逐术由此产生。在生产实践中,原始人逐渐将这三者融合起来,就形成了傩的萌芽。[①]《说文解字注》认为傩的本义为"行有节也"[②]。也有人认为傩是"驱除疫鬼的仪式"[③]。多数人赞同这一观点,即傩源于上古时代的原始巫术,已有3000多年的历史,流行于各历史阶段。

从文献记载看,我国历朝历代对傩有着或详细或简略的记载,如《古今事类全书》中记:"昔颛顼氏有三子,亡而为疫鬼。于是以岁十二月,命祀官时傩,以索室中而驱疫鬼焉。"[④]另据《搜神记》(卷十六)等典籍的记载,传说轩辕黄帝的重孙颛顼有三个儿子,三个儿子死后都变成疫鬼:两个分别在江、若二水中作怪,还有一个则跑到人们的居室中专门惊吓小孩,叫"小儿鬼"。因为黄帝-颛顼族是以熊为图腾的(参见《史记·五帝本纪》),所以人们便在一年之末的腊月身披熊皮、挨室搜寻,借熊的威严来驱赶疫鬼,嘴里还不断发出"傩、傩、傩——"的声音。这些文献说明原

[①] 贵州省德江县委宣传部. 傩魂——梵净山傩文化文选[M]. 贵州民族出版社,2003:代序2.

[②] 许慎,段玉裁. 说文解字注[M]. 郑州:中州古籍出版社,2006:386.

[③] 陶立璠. 傩文化刍议[C]//贵州省民族事务委员会文教处. 中国傩文化论文选. 贵阳:贵州民族出版社,1989:15.

[④] 常宏. 中日面具艺术的审美比较——以鬼神面具为例[D]. 太原:山西大学,2006.

始社会末期就有了傩祭活动,人们后来称这种祭祀仪式为"傩""驱傩""追傩""傩祭"。

据《礼记·月令》记载,商周时期,"季春之月,……命国难(傩),九门磔攘,以毕春气。……仲秋之月,……天子乃难(傩),以达秋气。……季冬之月,……命有司,大难(傩)旁磔。出土牛,以送寒气。征鸟厉疾"①。傩祭被商周时期的人们视作国家的重大祭典,是关乎国家的兴衰、国民的安康与幸福的大事,所以,傩在商周时期比较盛行。周代的傩祭分为三种形式:一是"天子之傩",专门为周王举行,诸侯和庶民都不得参与,在仲秋之月进行;二是"国傩",在季春之月举行,由天子和诸侯共同参与;三是"大傩",又称"乡傩",是宫廷和民间都要举行的傩祭活动。《周礼·夏官》记载了当时"国傩"的盛大场面:"方相氏掌蒙熊皮、黄金四目、玄衣朱裳、执戈扬盾,帅百隶而时难(傩),以索室驱疫。大丧,先柩,及墓,入圹,以戈击四隅,殴方良。"

到春秋时期,我国民间举行傩祭的情况已开始见诸典籍,《论语·乡党》云:"乡人傩,朝服而立于阼阶。"这是说,孔子的家乡举行傩祭活动时,孔子也要换上礼服,恭敬地迎接祭祀人员,可见春秋时期民间傩祭已十分流行,祭祀活动庄严肃穆且成为普遍信仰,官员、孔子等人也要换上礼服恭恭敬敬地对待傩祭之事。

到了汉代,傩祭的阵容更加强大,仪式更完备,行傩驱疫的场面更壮观。据《后汉书·礼仪志》的"大傩篇"记载,汉代傩祭,"先腊一日,大傩,谓之逐疫。其仪:选中黄门子弟十岁以上、十二(岁)百二十人为侲子。皆赤帻皂制,执大鼗。方相氏黄金四目,蒙熊皮,玄衣朱裳,执戈扬盾。十二兽有衣毛角。中黄门行之,冗从仆射将之,以逐恶鬼于禁中。夜漏上

---

①阮元.十三经注疏:礼记正义卷十六[M].北京:中华书局.1980:1374.

水,朝臣会,侍中、尚书、御史、谒者、虎贲、羽林郎将执事,皆赤帻陛卫。乘舆御前殿。黄门令奏曰,侲子备,请逐疫。于是中黄门倡,侲子和曰:'甲作食歹凶,肺胃食虎,雄伯食魅,腾简食不祥,揽诸食咎,伯奇食梦,强梁、祖明共食磔死寄生,委随食观,错断食巨,穷奇、腾根共食蛊。凡使十二神追恶凶,赫女躯,拉女干,节解女肉,抽女肺肠,女不急去,后者为粮。'因作方相与十二兽舞,欢呼周遍,前后省三过,持炬火,送疫出端门。门外,驺骑传炬,出宫司马阙门,门外五营骑士传火,弃洛水中。百官官府各以木面兽,能为傩人师。讫,设桃梗、郁垒、苇茭毕,执事陛者毕。苇戟桃杖以赐公、卿、将军、特侯、诸侯云"。文章的大意是方相氏和十二神兽先在宫殿内来回搜索,反复三遍后,手持火炬,把疫鬼赶出端门。门外接应的驺骑高举火把直奔司马阙门,最后由等在城外的五营骑士将火炬送至洛水,投入水中,葬疫鬼于九泉之下。尤其重要的是,汉代的傩祭伴随着傩仪产生了傩舞。《汉旧仪》有这样的记载:"方相帅百隶及童子,以桃弧、棘矢、土鼓,鼓且射之,以赤丸、五谷播撒之。"这是说,傩舞舞者在舞蹈时要用桃弓、苇矢射杀疫鬼。

  隋唐时期,宫廷傩、寺院傩、民间傩、军傩等都获得了进一步的发展。清代以后,宫廷大傩已逐渐消失,而社傩、教傩、游傩等"乡傩"则流传了下来。在今天,在我国的很多省份,如江西、四川、甘肃、安徽、贵州、广西、山东、河南、湖南、湖北、陕西,特别是在偏远乡村,仍有活态显现的世界性人类文化傩事象在传承。

三、傩舞

  傩舞,又被称作"跳傩""大傩",俗称"鬼戏"或"跳鬼脸",是面具舞之一,是一种神秘而古老的原始祭礼,以驱鬼逐疫为目的,具有古老稚拙、粗犷豪放和原生态特征。傩舞作为一种古老的艺术存在形式,内涵丰富,是民间民俗文化的精髓之一。2006年5月20日，经国务院批准，傩舞被列入第一批国家级非物质文化遗产名录。

傩舞是民间傩仪中的舞蹈部分。舞者戴着各种质朴、夸张、狰狞的面具，以粗犷、豪放、热烈的舞步为形式，边跳边舞，嘴里不停发出"傩，傩，傩——"的声音，以驱鬼除疫，具有强烈的宗教色彩。傩舞的显著特征体现在傩面具上。傩面具被视为神灵的载体，造型千姿百态，以表达不同神灵的神奇功能。傩仪中的傩舞大致产生于殷商时期，殷墟甲骨卜辞中有"寇"字，"寇"即在室内以殳（古兵器）击鬼之形。甲骨文中有关"舞"字的记载中有"魃"字。"魃"是一人头戴面具的形象。这说明巫师戴着面具驱鬼逐疫在3000多年前的殷商时期就已经存在。到了汉代，驱鬼逐疫的舞蹈又增加了一些道具，如《汉旧仪》中有这样的记载："方相帅百隶及童子，以桃弧、棘矢、土鼓，鼓且射之，以赤丸、五谷播撒之。"

随着傩舞的发展，参与傩舞的人员有了明显的变化，傩祭的目的也在变化。在周代以前，傩祭以巫师为核心人物，主要目的是消除自然灾害、人为灾害，驱逐瘟疫厉鬼；进入周代，方相氏是傩祭的中心人物，率领随从（百隶）驱除鬼疫，且出现了借助面具（方相氏戴着"黄金四目"）的形式，以增强驱鬼除疫的威力，达到驱除疫邪并祈求风调雨顺、五谷丰登、国富民生、人畜平安的目的。东汉时期，傩祭人员的阵容更加强大，傩祭的规模也扩大了，参与者主要有方相氏（领头人物）、十二神兽、120名侲子。汉代傩祭发生的显著变化是增加了"舞像"。舞像即戴假面、著假形而舞，一般的假形为鱼龙百兽。舞像的艺人被称为"象人"，"象人"扮演的鸟兽假形则被称为"像"。汉代舞像中的著名的节目有《总会仙倡》和《鱼龙蔓延》，这两个节目中的象人都装扮成虎、熊、龙等典型的形象。除此之外,舞像中还有"鱼舞""凤舞"之类的拟兽舞蹈。[①]

表演者通过运用不同的面具表现傩祭不同的目的。傩舞中的面具又被人们称为"脸壳"或"脸子",民间流传"戴上脸壳就为神,放下脸壳就是人"的说法。傩面具的使用分为专用与通用两种,正戏部分专用,插戏部分可通用。傩面具有动物面具、鬼神面具、英雄人物面具,且都经过精雕细刻,色彩鲜明。种类繁多的图案符号或色彩代表不同人物的不同身份、性格特征,如弯眉大眼、宽脸大耳代表正神,显示唐氏太婆、川主、土地等神的圣洁和安详;立眉圆眼、獠牙挺立代表凶神,显示钟馗、龙王等神的凶悍和威猛;还有一类面具,眉清目秀、面带微笑,代表世俗善良人物,显示姜师、安安等的淳朴忠厚、亲民爱民之本色。丑角的面具则比较复杂,形状各异,有的嘴大鼻长,有的眼珠外暴,有的细眉细眼,有的龇嘴獠牙,有的嘴歪脸斜,极具幽默滑稽之感,让人看了忍俊不禁。

另外,面具颜色的搭配与运用也丰富了人物的内涵特征,多运用红、黄、蓝、白、黑五色。红色代表正义,表现英雄人物的忠勇性格;黄色是黄种人的肤色,代表沉着、老练的特质;蓝色表示阴险、桀骜不驯;白色表示文静、善良,也被用以表示奸诈;黑色表示质朴、率真、刚正不阿。因此,傩面具有绘画、雕刻、美学等诸方面的艺术价值,是表演艺术中的艺术珍品。

傩舞的舞步古老而又相对比较简单,但含有深刻的含义。巫师们常用的舞步是质朴的禹步。禹步又被称为"踩八卦"或"踩九州",借用八卦乾、坎、艮、震、巽、离、坤、兑和中宫九个方位,在宇宙观上代表天、水、山、雷、风、火、地、泽,在身体观上代表首、耳、手、足、股、目、腹、口,以象征各种自然现象和人事现象。晋代的葛洪在《抱朴子》一书中记录了禹步的跳法:"前举左,右过左,左就右;次举右,左过右,右就左;次举左,右过

[①]袁禾.中国古代舞蹈史教程[M].上海:上海音乐出版社,2004:41.

左,左就右。"

随着时代的发展,傩舞的功能在不断演变,宗教色彩也在不断淡化,祭祀目的的娱神性逐渐演变成既娱神又娱人,或以娱人为主。傩舞中的舞蹈动作亦出现较大变化,吸收了拳术、戏曲中的动作,舞步灵活多变,有踏步、平步、点步、丁字步、交叉步、跑跳步、踱脚等,还有腾跃、翻滚、旋转、蹦蹿等一些技巧性动作,提升了舞蹈动作的幅度、力度、美感,提高了傩舞的艺术性、欣赏性。现在,一些地方的傩舞表演还融合、吸收了当地民间舞的成分,如黔东北地区的傩舞就吸收了土家族最有代表性的摆手舞的基本动作:甩同边手、低摆。另外,傩舞中的道具不仅有戈、盾、戟等,还增加了剑、麻鞭、司刀、神杖、伞、法衣、锣、鼓等,使傩舞的表演内容更加丰富、精彩,凸显傩作为人与神、神与鬼、鬼与人相互沟通的媒介的功能。

傩文化是我国远古的巫祝祭祀文化。傩舞是一种古代祭祷天地、赞佛、驱鬼的舞蹈,反映了我国古朴而灿烂的民间民俗生活的风貌,主要靠口耳相授、家传与师传相结合的方式,以古朴的仪式、多样的形式、翔实的内容显示出其独具特色的艺术魅力。随着历史的发展、社会的进步和社会文明程度的提高,今天的傩舞增加了许多娱乐成分,与其他民俗体育一样,有着重要的健身价值,对于全民健身和健康中国的建设有积极的推动作用。

第五节 风筝

风筝,又名"纸鸢""纸鸦""风鸢""鹞子""风鹞""纸鹞"等,源于中国,兴起于春秋时期,唐代时在民间较为普及,有两千多年的历史,现已遍及世界各地。风筝是我国民间体育的一朵奇葩,是集健身、娱乐、休闲、养生于一体的运动项目;同时,风筝也被视为一种文化艺术,是一种集扎、糊、绘、放于一体的综合艺术。1984年,首届潍坊国际风筝会获得成功。1986年,放风筝成为全国正式体育比赛项目。

那么,"纸鸢"这一名称是在什么时候被"风筝"取代的呢?明代陈沂在《询刍录》中说:"五代李邺于宫中作纸鸢,引线乘风为戏。后于鸢首,以竹为笛,使风入竹,如鸣筝,俗名呼'风筝'。"这是以"风筝"指称纸鸢最早的文字资料。从这一记载中我们可以看出,纸鸢名称的转换,是以人们在它上面装置响器为标志的。① 到南北朝时,风筝开始成为传递信息的工具;从隋唐时期开始,由于造纸业的发达,民间开始用纸来裱糊风筝;到了宋代,放风筝成为人们喜爱的户外活动。宋人周密在《武林旧事》中写道:"清明时节,人们到郊外放风鸢,日暮方归。"这里的"鸢"指的就是风筝。北宋张择端的《清明上河图》、北宋苏汉臣的《长春百子图卷》中都有放风筝的生动场景。

一、风筝的发明

风筝是一种玩具,是一种单纯利用空气动力的飞行器。人们在竹篾等的骨架上糊纸或绢,拉着系在上面的长线,趁着风势可以将其放上天空。风筝发明的具体年代至今不详,多数人认为其源于南北朝时期,《南史·侯景传》、司马光《资治通鉴》卷一六二、《北史·魏彭城王勰传》等资料有相关记载。另外,传说中还有墨翟、鲁班造木鸢和韩信造风筝之说。

(1)木鸢发明说

木鸢是中国史书记载的风筝的最早形态,这是众多风筝研究者比较认同的一种说法。关于木鸢的发明者,传说有两个人:墨翟(墨子)和鲁班。据《韩非子·外储说左上》记载,"墨子为木鸢,三年而成,蜚(飞)一

---

①于培杰.风筝的起源——漫话风筝[J].百科知识,2005(3):58-59.

日而败。弟子曰：'先生之巧，至能使木鸢飞。'墨子曰：'吾不如为车輗巧也。用咫尺之木，不费一朝之事，而引三十石之任，致远力多，久于岁数。今我为鸢，三年成，蜚一日而败。'惠子闻之曰：'墨子大巧，巧为輗，拙为鸢。'"墨子为宋国人，长期居于鲁国，因受到天上飞鹰的启迪，研制木鸢。鲁班制木鸢的文献见于《墨子·鲁问》："公输子（鲁班）削竹木以为鹊，成而飞之，三日不下。公输子自以为至巧，子墨子谓公输子曰：'子之为鹊也，不如匠之为车辖，须臾刘三寸之木，而任五十石之重。故所为功，利于人谓之巧，不利于人谓之拙。'"鲁班后又"制木鸢以窥宋城"，用于军事目的。墨子、鲁班制造木鸢的说法在东汉王充的《论衡》中得到证明："儒书称鲁班、墨子之巧，刻木为鸢，飞之三日而不集。"[1]王充将鲁班、墨子并列。

（2）韩信造风筝说

宋代高承的《事物纪原》载："纸鸢，俗谓之'风筝'，古今相传，云是韩信所作。高祖之征陈稀也，信谋从中起，故作纸鸢放之，以量未央宫远近，欲以穿地隧入宫中也。盖昔传如此，理或然矣。"这里提出了风筝制作的第二种见解：韩信制作了风筝。宋代曾敏行的《独醒杂志》载："今之风筝，古之纸鸢也，创始于韩淮阴（韩信）。"清人笔记也曾提到，在垓下之战中，韩信围项羽于垓下，制作了一只大牛皮风筝，载善吹笛者飞临楚军上空，吹思乡之曲，楚军闻之，皆泣涕，无心再战，弃甲而逃。但是这些事实只能说明韩信制作、使用了风筝，并不能确切证明韩信发明了风筝。

正史中也有关于风筝的记载，时间较五代更早。其一是南朝的"侯景之乱"中，梁武帝在被侯景围困时曾放风筝向外求援。据《南史》卷八十所述，梁武帝萧衍太清三年（549年），侯景作乱，叛军将武帝围困于梁

---

[1] 王充. 论衡：卷八[M]. 上海：上海人民出版社，1974：123–124.

都建邺(今南京)。建邺内外断绝,有人献计制作纸鸦,把皇帝诏令系在其中。后来,太子简文在太极殿外乘西北风施放纸鸦向外求援,纸鸦不幸被叛军发觉射落,不久台城即遭攻陷,梁朝也从此衰微直至灭亡。这是简文施放风筝向外求救不幸失败的故事。

二、风筝的发展简史

风筝发明之初多被用于军事方面。楚汉相争时,汉将韩信攻打未央宫,利用风筝测量未央宫下面的地道的距离;而垓下之战中,韩信又利用大风筝载善吹乐器者于夜间飘浮于楚营上空,让其吹奏思乡之曲以瓦解楚军士气。随着社会的发展与经济的繁荣,风筝的娱乐功能逐渐增强。唐代建立后,唐太宗开创了"贞观之治",采取了多种措施发展唐朝的科技、经济、文化、艺术,使社会很快走向安定和繁荣。唐代社会的安定与经济文化的发展使得中国传统节日大为盛行,促进了各种文化娱乐活动的开展。其时,放纸鸢就开始在民间流行开来。唐代诗人唐采在《纸鸢赋》中记载:"代有游童,乐事末工。饰素纸以成鸟,像飞鸢之戾空;翻兮将度振沙之鹭,杳兮空光渐陆之鸿,抑之则有限,纵之则无穷,动息乎丝纶之际,行藏乎掌挥之中……"到了宋代,风筝更为普及、流传。宋代城市文化和经济的繁荣、民间手工业的兴起使得风筝的扎制和装饰都有了明显的改善与发展。放风筝既是传统节日的民俗活动,也是民间群众的一项娱乐活动。在宋代,制作风筝已成为一种专门的职业。明清时代是中国风筝发展的鼎盛时期,明清风筝在大小、样式、扎制技术、装饰和放飞技艺方面都超越了前代风筝,有了巨大的进步。

三、风筝的技艺

传统中国风筝的技艺概括起来只有四个字——扎、糊、绘、放,具体而言就是扎架子、糊纸面、绘花彩、放风筝,简称"四艺"。实际上,这四字的内涵非常广泛,几乎包含传统中国风筝技艺的全部内容,即"扎"包括选、劈、弯、削、接,"糊"包括选、裁、糊、边、校,"绘"包括色、底、描、染、修,"放"包括风、线、放、调、收。我国非常重视非物质文化遗产的保护,2006年5月20日,风筝制作技艺经国务院批准被列入第一批国家级非物质文化遗产名录。

风筝艺人扎制风筝讲究工整、对称、平衡、整齐、整体和谐,技艺精湛,经验丰富。在绑扎环节,艺人会选用细而结实的绑线,在骨架间取合适的角度、合理的脚线进行缠绕捆绑,绑好后在结头和连接处用胶涂抹加固,以使风筝结实、平整光滑。风筝的图案一般包含吉祥、喜庆、祝福的意蕴,要能表达人们对美好生活愿景的向往和追求,如双凤朝阳、福寿双全、龙凤呈祥、鲤鱼跳龙门、麻姑献寿、四季平安、五福献寿、福禄寿喜、百鸟朝凤、彩凤双飞,于中国传统文化中流露着淳朴的民风习俗。

四、我国风筝发展之现状

现在,普通的风筝大致分为有骨风筝、无骨风筝,制作材料有丝绢、纸张、塑胶材料,骨杆有竹篾、木材、胶棒。有骨风筝骨架的主要材料是竹子,制作艺人会将竹子削成竹片,用有韧性的竹片来做风筝的骨架;无骨风筝的原理是引空气入绢造的风坑之内,令风筝成为一个轻飘飘的气枕,让风筝乘风而上。

风筝又可分为以下六种:软翅类风筝、硬翅类风筝、龙形类风筝、板子类风筝、立体类风筝、运动类风筝。

软翅类风筝即一般常见的禽鸟风筝。它的升力片(翅)由一根主翅条构成,翅子的下布是软性的,没有主条依附,主体身架多数做成浮雕式。它的造型多数是禽鸟或昆虫。潍坊还有一种可拆装的软翅风筝,把传统的上下分开的蝴蝶翅膀改为活翅膀,固定骨架,便于折叠,放飞效果逼真,顶上翅膀的一张一弛保证了风筝的稳定性。

硬翅类风筝包括常见的元宝翅风筝、沙燕风筝，是我国最具特色、最典型的传统风筝。它的特点是升力片（翅）用上下两根横竹条做成翅的形状，两侧边缘高，中间凹，形成通风道。翅的端部向后倾，使风从两翅端部逸出，平着看呈元宝形。北京流行的米字风筝、花篮风筝、鸳鸯风筝、喜鹊风筝、鹦鹉风筝等也属此类。这种风筝的硬翅是固定的形式，而硬翅范围以外的造型与骨架结构则随内容题材的不同而变化。

龙形类风筝，以龙头风筝、蜈蚣风筝为主，是潍坊风筝的一大特色。

板子类风筝，即人们所说的"平面形风筝"。从结构和形状上看，它的升力片就是主体，无凸起结构，四边有竹条支撑。此类风筝较多见，扎制容易，飞升性能好，又适合表现多种题材，是少年儿童最喜爱的一类风筝。板子类风筝在京津地区也叫"拍子风筝"，有八角菱形或者瓢虫形，一般都拖着个长长的尾巴或穗子。这对起飞有益处。最简单的板子类风筝是瓦片块，方方的一片，南方农村叫它"二百五"，北方称其为"筝子"。

立体类风筝一般采用折叠结构的骨架，由一个或多个圆桶或其他形状的桶组成，如宫灯形、花瓶形、火箭形。

运动类风筝，又叫"特技风筝""双线风筝""复线风筝"，一般为三角形、滑翔伞状、眼镜形，源于欧美。与传统风筝不同，运动类风筝不仅有单线的，还有双线的、四线的，即放飞者要用两条或多条拉线控制风筝。运动类风筝可在空中做一些动作，如水平移动、俯冲、绕八字、转圈。运动类风筝需要放飞者用双手操控，风筝的左旋、右旋、升降等各种特技动作全靠手腕和手臂的技巧来完成。运动类风筝飞行时速最高可达150公里，既可单人玩也可做团队特技表演，放飞者会有驾驭风的感受，能得到很好的视觉效果。运动类风筝于1992年左右传入中国，运动类风筝比赛现在已经是国内风筝赛事中必不可少的项目之一。

　　由于区域、风俗以及欣赏习惯等因素存在差异，我国各地的风筝各具地方特色，如北京风筝雍容华丽，天津风筝格调文雅，潍坊风筝纯厚质朴。在众多的地方特色风筝中，潍坊风筝具有浓厚的生活气息，又体现出中国传统意识形态中龙的威严与祥瑞之理念，被认为是民间风筝的代表。龙头蜈蚣风筝是潍坊风筝中最典型、最有代表性的风筝，取龙头为首，以蜈蚣作腰节（蜈蚣在潍坊民间传说中是龙的子孙），长达百余尺，承载着人们祈祷神龙降福人间的传统信仰。放飞龙头蜈蚣风筝时，放飞者要先将尾闻和身闻渐次放起，靠几十节"腰子"所产生的提升力将风筝首部带往高空，呈现"龙头蜈蚣"腾空驾云之气势。另外，仙鹤童子风筝、孔雀开屏风筝、凤凰展翅风筝等富有民间乡土生活气息；图案对称的"喜"字风筝、"寿"字风筝、八卦风筝、七星风筝等则蕴含喜庆与吉祥之意。

　　2006年5月，潍坊风筝被列入第一批国家级非物质文化遗产名录。山东潍坊也是世界风筝文化交流的中心。潍坊制作风筝历史悠久，是世界风筝的发源地，也是我国最著名的风筝生产、销售城市。1984年4月，山东省旅游局和潍坊市外办共同发起、举办了首届潍坊国际风筝会，之后的每年4月中旬都要举办一年一届的潍坊国际风筝盛会。1986年，潍坊市成立了潍坊市国际风筝会办公室，专门负责潍坊国际风筝会方案的制定和各项重大活动的落实工作。1988年，第五届国际风筝会将潍坊定为"世界风筝之都"。潍坊市多年坚持不懈地办好国际风筝盛会，国际风筝联合会的总部也设立在潍坊。另外，中国风筝协会也努力举办全国风筝邀请赛、全国风筝精英赛、全国风筝锦标赛等大型赛事，致力于把中国传统的民间艺术弘扬到世界各地，让世界各国的人们都喜欢中国的风筝。

第六节　凤阳花鼓

"清水十分花鼓娘,花腔巧调出凤阳"道出了安徽"凤阳一绝"凤阳花鼓的魅力、艺术表现力。凤阳花鼓始称"打花鼓",又称"花鼓""花鼓小锣""双条鼓"。"花鼓"中的"花"有三种释义:一是因鼓框上绘以花饰,这是较流行的说法;二是鼓槌头上扎了花绒,《越谚》中卷云"打花鼓,其鼓槌用花绒扎竹枝,故名";三是演奏凤阳花鼓的艺人为女子,古人喻女子为"花",白居易《霓裳羽衣舞歌》曰"娇花巧笑久寂寥,娃馆苎萝空处所"。[1] 凤阳花鼓被周恩来赞为"东方芭蕾",是植根于安徽凤阳民间本土、展示原始原貌的经典民俗体育项目。凤阳花鼓也是"凤阳三花"(凤阳花鼓、凤阳花鼓灯、凤阳花鼓戏)中最有名的,被视作民间瑰宝,入选第一批国家级非物质文化遗产名录。

一、凤阳花鼓的起源

"凤阳花鼓"具有十分悠久的历史,大体起源于宋代,发展于元、明,成熟于清代中叶,于清晚期和"中华民国"年间出现了新的发展高潮,距今已有七百多年的历史。它的产生与凤阳当地的民间风俗、文化、人们的生产生活方式是相适应的。

凤阳县位于安徽省东北部、淮河中下游南岸,地形南高北低,南部为山区,中部为倾降平缓的岗丘,北部为沿淮冲积平原,终年气候温和,四季分明,光照充足,水热同季,干冷同期,无霜期较长,但雨量季节分配不均且略显不足。此地域的人们以农耕劳作为主要生活方式。凤阳花鼓与人

---

[1]高静.凤阳花鼓探源溯流[J].韶关学院学报,2012,33(11):141-143.

们的农耕生产劳动紧密相连,表达了劳动人民在辛勤、欢快的劳动中对丰收的祈盼和对风调雨顺、五谷丰登的祈求心愿。关于凤阳花鼓的存在历史,相关史料中有不少记载。明代田艺衡《留青日札》(1572年序)卷十九记载:"吴越间妇女用三棒上下击鼓,谓之'三棒鼓',江北凤阳男子尤善。"《帝乡纪略》明万历二十七年(1599年)刊本卷五"风俗"载:"泗州(明代属凤阳府)农家之妇,则又执役田作,劳苦反倍于男。前志曰:'……插秧之时,远乡(州治西南与临淮县东北接壤)男女击鼓互歌,颇为混俗。'"。我们由此可以推断,凤阳人喜欢鼓乐,凤阳原生态的民间风俗是击鼓讴歌,表达的是劳作时愉快、祝愿的心情。凤阳花鼓的劳动生活说也就具有了现实基础。明代中期,周朝俊所撰写的《红梅记》也记载了凤阳花鼓表演的史实,如《红梅记》第二十出《秋怀》中有凤阳夫妇表演完打花鼓后请求主人"赏些米儿去了"的情节。这说明凤阳人在劳动之余表演凤阳花鼓是他们的常态,折射出的娱乐性是其本原特性。人们通过欢快、多样的身体娱乐活动方式表达对乡土风俗的热爱之情。

安徽凤阳位于滁州市"江淮分水岭"的核心地带(俗称"皖东"),地方文化积淀深厚,民俗事象丰富而古老。凤阳花鼓源于人们的生产劳动,依托于生产劳动、民间娱乐风俗等多种生活实践需要而发展壮大。因此,劳动是凤阳花鼓产生的根源的说法是比较可信的。

二、凤阳花鼓的表演形式

凤阳花鼓被誉为"中华歌舞曲艺之母",其原生态的表演形式是姑嫂二人,一人击鼓,一人击锣,口唱小调,花鼓小锣作为伴奏乐器穿插其间,鼓锣间敲。姑嫂二人同台,在服装方面也有一定的要求:演姑者头戴大红花,扎红头绳,上身穿花布大襟褂,下身穿深色裤,腰系深红或深蓝色围裙,脚穿黑色圆口带绊布鞋和粉红色长筒棉纱袜;演嫂者头扎白色或印花手巾,上身穿蓝士林平布大襟褂,下身穿深色便裤,腰系黑色围裙,脚穿黑色圆口带绊布鞋和豆沙绛色棉纱大袜。[①] 演唱的曲目多为当时的"时调",主要有《凤阳歌》《鲜花调》《秧歌调》《孟姜女》《王三姐赶集》等。在凤阳人的乞讨、卖艺过程中,花鼓由最初的"腰鼓"形式演变为"身背"方式,再发展成后来的"手拿"直至变成当今的"双条鼓"。20 世纪 50 年代初,新文艺工作者对凤阳花鼓加以改革,采用了一些新的表现手法,剔除了小锣,专用小鼓伴奏演唱,花鼓小巧玲珑,鼓面直径 10 厘米左右,鼓条为两根长 45 厘米左右的细竹竿。表演者单手执鼓,另一只手执两根鼓条敲打鼓面。凤阳花鼓在流传、演变过程中不断吸收和借鉴其他艺术,其表演的内容、形式更加丰富多彩,人数由两人变为多人,打法更多变,舞步更娉婷,花势更俊俏,团体舞蹈表演这一新形式也正由民间走上舞台。

三、凤阳花鼓的文化内涵

凤阳花鼓是皖东区域的文化符号,是凤阳民间文化、农耕文化、历史文化、地域文化、品牌文化的凝聚和升华。凤阳花鼓的产生、发展、繁荣与凤阳地域的农耕劳作、民间娱乐等因素有关,汇聚了凤阳民间生活的点点滴滴,展现出人们生产、生活的景象,具有深厚的群众基础。凤阳花鼓表现了凤阳民间多样的民俗形态,表现内容非常丰富,表现形式集说唱、歌舞、表演、音乐于一体,凝聚了浓厚的文化底蕴。因此,凤阳花鼓独特而深厚的文化内涵具有重要的研究价值。

(1)凤阳花鼓的民间文化内涵

凤阳花鼓是社会基层的质朴的劳动人民集体创造的、自发和自娱的通俗文化,立足于民众的生产、生活。民俗学家李家瑞认为,打花鼓俗名"三棒鼓"。明代初期,植根于世俗乡野、散发着浓郁的乡土气息的凤阳

[①] 孙树旺.凤阳花鼓的昔与今[J].剧作家,2008(4):165.

花鼓就已在凤阳府临淮县(今凤阳县东部)流行开来。人们在生产劳动中用三棒鼓取乐,娱己娱人,抒发愉悦的心情,如明代的田艺衡《留青日札》(1572年序)卷十九记载:"吴越间妇女用三棒上下击鼓,谓之'三棒鼓',江北凤阳男子尤善。"打花鼓也是民间社事中娱神的一个节目。每逢社日,民间社团组织以打讶鼓、打夜胡、打花鼓等各种庆典杂戏形式向社稷诸神崇功报德。凤阳花鼓最初也被称为"花鼓灯",是一组多种民间歌舞并用的杂戏鼓乐。在春祈秋报、社事频繁的季节(每年中秋后至次年农历三月的每月中旬),打花鼓都会登场演出。凤阳花鼓唱的都是民间小调,曲目有近百种。后来,因凤阳地区遭受自然灾荒、战乱等,凤阳人身背花鼓四处乞讨、卖唱谋生。凤阳花鼓的曲目中有一首著名的《凤阳歌》,这首歌唱道:"说凤阳,道凤阳,凤阳本是好地方,自从出了朱皇帝,十年倒有九年荒。大户人家卖牛马,小户人家卖儿郎,奴家没有儿郎卖,身背花鼓走四方。"这首歌道出了当时凤阳人凄惨、悲苦的生活状况。

(2)凤阳花鼓的历史文化内涵

凤阳县现今位于安徽省的东北部,汉朝时被称作"钟离县",明朝开国时被称为"临淮县"。凤阳花鼓源于民间,最早可以追溯到元末时期。其雏形是民间社事活动中的祭神活动,与其他民俗事象的内涵即祈祷福祉是一致的,是我国历史上农耕文明时期花鼓文化滋生、繁荣的源泉。在农耕文化为主流文化的背景下,凤阳花鼓文化受各个历史时期的农耕事象的影响,表现出历史文化的特征。当社会阶层关系为上下层关系时,上层统治者以打花鼓歌功颂德,平民百姓居于下层,则以打花鼓表现生活,或将打花鼓作为祭祀方式和乞讨谋生的手段。当社会处于太平盛世的明朝前中期时,凤阳花鼓是帝王与百姓共同喜爱的雅俗共赏的民俗项目,宫廷与民间都载歌载舞歌颂明帝朱元璋的丰功伟绩,花鼓在有"帝王之乡"

之称的安徽凤阳获得了空前发展,其艺术之花更是枝繁叶茂、花香怡人,衬托出此历史时期政治稳定、经济繁荣、文化昌盛的时代特征。在明朝中后期,自然灾荒、战争频发,凤阳花鼓成为凤阳人乞讨谋生的手段,随着乞讨大军传到江苏、浙江、山东、河南、河北、陕西等地。清朝时,凤阳花鼓作为一种艺术形式,漂洋过海传到新加坡、马来西亚等国家。经过几百年的发展,凤阳花鼓融入了不同时期的政治、经济、文化的历史特征,完整地保存了民间地区的劳动、生活、民俗的记忆,能让人们从凤阳花鼓的表演中了解到当时的历史文化与人文风情,解读到不同时期凤阳花鼓的历史文化。

(3)凤阳花鼓的地域文化内涵

"说凤阳,道凤阳,凤阳本是好地方……左手锣,右手鼓,手拿着锣鼓来唱歌,别的歌儿我也不会唱,单会唱个凤阳歌……"朗朗上口、具有广泛群众基础的《凤阳花鼓》已成为国内外友人认识凤阳的代表性曲目。的确,在我国的曲艺领域、音乐领域、民俗体育领域、文化领域等多个领域,凤阳花鼓都具有非同凡响的影响力、知名度;凤阳花鼓在传播过程中对其他地方的花鼓文化也产生了影响。"凤阳三花"是凤阳民间文娱的典型代表,凤阳花鼓戏是花鼓戏的一种。我国各地流传的花鼓戏如皖南花鼓戏、湖南花鼓戏、淮北花鼓戏等各有其地方特色。凤阳花鼓戏的传统曲目《凤阳花鼓》《流星赶月》《狮子灯》等,在戏曲表演的过程中,完整地保留了许多脍炙人口的篇章。凤阳花鼓作为一种源于农事活动的民俗体育活动,丰富了孕育它的这方沃土上的父老乡亲的文化生活,是凤阳当地典型的"草根艺术",在广大民众中广为流传。2006年,凤阳花鼓入选我国第一批国家级非物质文化遗产。现今,凤阳花鼓已成为皖东的文化名片。

(4)凤阳花鼓的艺术文化内涵

艺术乃是人类创造的一种技能,是人类创造出的一种具体的能客观感觉到的对象,这个对象能引起人们精神上的快乐,并且有着悠久的艺术价值。① 凤阳花鼓的兴起与发展具有广泛的群众基础,其艺术文化内涵在于,它将劳动人民的生活、情感以及审美进行提炼和升华,形成了一种雅俗共赏的艺术形式,这种艺术淋漓尽致地展现了人们对美的认识、美的表现的变化。凤阳花鼓表演者在服装、道具、舞姿、形体等方面都表现出让人能主观感受到的强烈的艺术观赏性,给人以美的感觉和享受;除花鼓、服装,还要借助彩扇、手绢、花伞等道具,这些道具与花鼓和服饰紧密配合,引起人们精神上的快乐,丰富的肢体语言演绎出凤阳花鼓的艺术文化内涵。现代凤阳花鼓已创新出新的团体表演的舞蹈形式,花鼓的打法、舞步、花势、演唱等吸收借鉴了现代歌舞的技巧,在保持浓郁地方特色的同时,形式更加活泼多样,气氛更加热烈欢快,给人以无与伦比的美的享受和艺术感染力。通过凤阳花鼓表演,无论是观看者还是表演者,都升华了心灵、丰富了情感,正如美学家李厚泽在《美的历程》中所说的:"一种经过高度提炼的美的精华……特别突出了积淀了内容要求的形式美。"凤阳独有的民间传统体育艺术——凤阳花鼓以其节奏明快、鼓调优美、舞蹈韵律性强等艺术特色,展现了凤阳花鼓内在的艺术文化内涵。

(5)凤阳花鼓的品牌文化内涵

21 世纪初,党中央、国务院把扩大内需、促进消费确立为促进国民经济发展的长期战略方针和基本立足点。在这一经济发展战略方针的指导下,各地纷纷发展旅游业这一"朝阳产业",把发展旅游业作为发展第三

---

①王谦.艺术学的研究对象[J].东南大学学报(哲学社会科学版),2009,11(1):93-95.

产业的重中之重,以求实现经济的持续、快速发展。随后,各地陆续开展了挖掘地域特色资源、构建地域特色旅游品牌、开发地域特色旅游项目、打造地域文化品牌等一系列工作。其中,文化因素越来越受重视,因为"文化因素在经济发展中起到了越来越重要的作用,现代经济竞争实质上是一种文化力的竞争。区域文化作为一种潜在价值判断标准系统和行为标准系统,深刻地影响着人们的思维习惯和行为模式"[①]。传统文化是民族地区重要的旅游资源,在民族地区旅游产业发展中扮演着极其重要的角色,对发展民族地区经济起着不可替代的作用。[②] 正因为如此,在区域文化、传统文化等文化因素成为经济发展核心竞争要素的现今,各地打造精品文化旅游品牌的策略是时下旅游业发展的大趋势。

凤阳花鼓是安徽凤阳地域文化、传统文化的优秀代表,2006年被列入我国第一批国家级非物质文化遗产,永久性入驻成都国际非遗博览园。凤阳花鼓文化底蕴丰厚,是凤阳地区特有的文化事象,也因此成为民俗文化中不可或缺的旅游品牌。凤阳花鼓浓郁的鼓韵、情韵和独特的文化艺术魅力让游客在观赏帝王之乡——凤阳旖旎的自然风光、地域古建筑的同时,还能领略凤阳的民俗风情。凤阳的自然风光有韭山洞、狼巷迷谷、卧牛湖等景区,古建筑有号称"华夏第一谯楼"的明朝鼓楼、繁华的仿古建筑商业街——古花铺廊街等。凤阳花鼓在凤阳经济发展的大潮中,以原汁原味的文化表演形式吸引着越来越多的游客。"敲凤阳花鼓,唱经济大戏"是当地政府发展经济的重大决策。当地政府于2006年、2007年、2009年、2012年举办了四届"中国·凤阳花鼓文化旅游节",以此招商引资,做大做强"凤阳花鼓"文化大品牌,使素有"帝王之乡""花鼓之

---

① 邱建明,谭希培.论文化因素对区域经济发展的影响——兼谈以文化先行推动湖南经济发展[J].怀化学院学报,2004,23(6):26.
② 杨絮飞.蒙古族民俗文化旅游资源开发研究[J].吉林工商学院学报,2010,26(3):8.

乡""改革之乡""石英之乡""曲艺之乡""中国民间文化艺术之乡"美誉的凤阳再次享誉海内外,提高了皖东这片古老热土的知名度,地方经济获得了飞速发展。

四、凤阳花鼓的发展、演变历程

(1)产生之初的缓慢发展期

凤阳花鼓因凤阳人在生产、生活中的喜好而产生和发展。生产劳动是我国农耕社会的主要生活方式。早在明代,田艺衡的《留青日札》(1572年序)卷十九就有记载:"吴越间妇女用三棒上下击鼓,谓之'三棒鼓',江北凤阳男子尤善。"《帝乡纪略》明万历二十七年(1599年)刊本卷五"风俗"的前志曰:"……插秧之时,远乡(州治西南与临淮县东北接壤)男女击鼓互歌,颇为混俗。"我们从史料中可以明确看出,不仅劳动人民在劳动中擅长击鼓讴歌,而且击鼓也是表达人们喜悦心情的常态化的方式。凤阳花鼓在人们的生产、生活中保持着平稳、缓慢、原生态的发展态势,生命力持久而坚韧。

(2)快速发展期

凤阳花鼓的快速发展期是明洪武七年(1374年)明朝廷于钟离(古代凤阳)建中都皇城之后。"帝王之乡"安徽凤阳是明朝开国皇帝明太祖朱元璋的家乡,凤阳当地至今依然流传着朱元璋平素不太喜欢娱乐但对花鼓情有独钟的传说。朱元璋称帝后,定都应天府(今江苏南京),社会稳定,经济运行良好,便效仿刘邦恩泽沛县,诏谕惠政:永免凤阳、临淮二县税粮徭。据《凤阳新书》记载,朱元璋允诺家乡人:"往后你们在家乡,有福的去做父母官,无福的就给我看守陵墓,种田的不要你们交租税,年老的只管逍遥自在地喝酒。一年三百六十天,你们就唱着过吧。"在宽松、和谐的政治、经济、社会环境中,凤阳人民心情愉悦,倍感皇恩浩荡,敲着花鼓小锣唱着过;遇节日、喜庆大事,凤阳人更是隆重庆祝,驾彩车骏马,花鼓敲得震天响。朱元璋于明洪武二年(1369年)设皇陵卫守护,开设祠祭署。据《凤阳新书》卷五《帝语篇》记载,凤阳花鼓除用于皇陵祭祀,还用于朝贺赛赓。在明朝前中期,凤阳花鼓从民间唱到大明皇宫殿堂,赞誉朱明皇帝的丰功伟绩,歌颂凤阳人的幸福生活,因此获得了鼎盛的发展机遇,表演内容、表演形式获得了空前的完善、充实。

(3) 发扬光大时期

战乱、自然灾荒带给普通百姓的是凄苦悲哀的生活。在这种特殊的时代背景下,凤阳花鼓作为人们摆脱凄苦生活的谋生工具得到了传承,反而走上了发扬光大的道路。

在历史的发展进程中,朝代更迭、战乱爆发是一种普遍现象,朝廷官员之间争权夺利、尔虞我诈等阴谋也时常发生。明末,李自成起义时对朱元璋家乡的谣歌进行改编,将歌词改成了赞美李闯王、谩骂明王朝腐败的基调,如"说凤阳,话凤阳,凤阳原是好地方。自从出了朱皇帝,十年倒有九年荒……""开了大门迎闯王,闯王来时不纳粮"。李自成还派人扮成商人或流民走乡串户教人传唱。清初,反清复明势力在民间举行恢复明朝汉族政权的运动。清兵在金门攻打南明鲁王朱以海时,带千余人的花鼓队大唱《凤阳歌》,谩骂朱皇帝:"恨只恨朱皇帝,做什么皇帝?害得我凤阳府,十个有九个出来打花鼓……"凤阳府一带发生的"三年恶水三年旱、三年蝗虫灾不断"的长年灾害以不可抗拒的力量改变了明朝凤阳人和乐、安稳的生活,迫使淮河两岸的花鼓艺人身背花鼓奔赴他乡,以卖唱谋生。

花鼓艺人外出卖艺主要有三条路线:东南江浙一带;随晋商进入陕西、山西;溯长江而上,进入湖、湘、川、蜀等地区。甚至有人漂洋过海到东南亚一带活动。江浙一带较为富裕,是花鼓艺人奔赴的主要地区。在浙江温岭地区,凤阳花鼓被改编成天皇花鼓。台州各地的花鼓都是从凤阳花鼓衍变而来的,明代以前,台州本土并无花鼓这一民间艺术形式。① 山西的晋南花鼓,亦称"祁太秧歌",是凤阳花鼓与当地歌舞艺术相结合而再生的新品种;在陕西,《走西口》演变成陕北秧歌。其他地区也出现了与凤阳花鼓有关联的曲种,如莲花落、打连厢、三棒鼓、渔鼓、山东琴书、徐州琴书、安徽琴书、扬州琴书、临清小曲、湖北小曲、扬州小曲。② 战乱、自然灾荒让凤阳花鼓在民间百姓、军队士兵中得到广泛传播、传承。民俗体育事象凤阳花鼓以其原生态的艺术形式和边唱边跳的表演形式,让人们在动荡、艰辛的生活中感受到艺术带来的快乐,使人心情愉悦、身体健康;凤阳花鼓也以其原生态的艺术魅力影响着全国各地的地方文化、艺术的发展,衍生出多种艺术品种,弘扬和发展了花鼓文化。

(4)多元化发展时期

1978年改革开放后,"文化自觉""文化身份认同"的思想逐渐被社会认可。被认为在当今社会仍具有重要意义的民俗体育在老一辈人记忆的"指导"下重新回到了现实社会。③ 20世纪初,随着中国现代民俗学的兴盛,民俗学者更加重视民俗事象的研究。在民俗研究的热潮中,学者研究凤阳花鼓的氛围也比较浓厚;另外,安徽省政府、凤阳县政府都高度重视国家级非物质文化遗产项目——凤阳花鼓的保护、传承工作。曾在"文革"期间遭到破坏的凤阳花鼓再获新生,再次回归到民众的日常生活中。凤阳花鼓于是呈现出多元化的发展态势,如整理、编写关于凤阳花鼓

---

① 陈辉.凤阳花鼓在台州的传播与衍变[J].浙江艺术职业学院学报,2013(1):40-42.
② 裘新江,杨锦鸿.凤阳花鼓戏的正名、保护与研究现状[J].滁州学院学报,2010,12(3):29-33.
③ 韩永红,秦纪强.安徽民俗体育项目"凤阳花鼓"的特征与文化价值[J].吉林体育学院学报,2012,28(4):132-135.

的书籍,建设花鼓传承基地,与经济、现代媒体、展演等方式结合发展等,这些形式拓宽了凤阳花鼓的发展、繁荣渠道,又向国内外友人展示了凤阳花鼓的艺术表现力与花鼓文化丰富的内涵。1984年,凤阳县文化局编写了《凤阳花鼓歌曲选》,在凤阳全县中小学校和幼儿园先后建立1个省级、3个市级和31个县级非遗传习基地,以培养后备人才;之后,凤阳当地政府举办"中国·凤阳花鼓文化旅游节",通过"敲凤阳花鼓,唱经济大戏"主题活动,进一步弘扬凤阳花鼓文化;2008年9月24日,中央电视台七套《乡土》栏目播放专题片《花鼓一家人》,在电视上展示凤阳花鼓的风貌;2010年6月22—27日,凤阳花鼓参演上海世博会"安徽周"系列活动,向国内外友人展示凤阳独有的民间艺术。新时期的多元化发展方式对凤阳花鼓的现代化传播起到了积极的推动作用,带给了凤阳花鼓新的发展机遇。

五、凤阳花鼓的传承现状

安徽民俗体育事象——凤阳花鼓在历史上曾因帝王的偏爱而辉煌多时,曾在灾荒年代因成为人们的乞讨辅助工具而得以广泛传播,因在朝代更迭中服务于政治需求而变相发展。因在"文革"中遭到破坏,同时还因地域性的限制和学界对其研究不足以及人们热衷于新生事物等,凤阳花鼓也曾一度呈现衰落之势。

凤阳花鼓的传承方式以家族传承、大众传承为主,没有制定系统化的传承策略。中华人民共和国成立后,为抢救性保护这一艺术瑰宝,安徽省政府、凤阳地方政府在国家非遗政策的指导下,高度重视凤阳花鼓的传承问题,采取了一系列措施,保护、发展凤阳花鼓这项国家级非遗项目。凤阳的凤舞少儿艺术培训中心是传习基地之一,自2004年成立之日起就致力于凤阳非物质文化遗产的培训、传承工作,花鼓作品在各级大赛和文艺汇演中荣获了50余个高等次奖项。在非物质文化遗产传承人方面,培训中心发展培育了国家级非物质文化遗产传承人1人、省级传承人5人、市级传承人15人、县级传承人100余人。"非遗进校园"是践行习近平新时代中国特色社会主义思想、响应"青春大学习,奋斗新时代"号召的行动,安徽科技学院、滁州城市职业学院等高校申报省级教育非遗基地,开展了非遗传承进校园活动,以传承凤阳花鼓。在十九大报告"深入挖掘中华优秀传统文化蕴含的思想观念、人文精神、道德规范,结合时代要求继承创新,让中华文化展现出永久魅力和时代风采"精神的指引下,高校积极举办非遗实践活动。"高雅艺术进校园"是一项重要举措。2015年12月29日,由滁州市委宣传部、安徽科技学院主办的凤阳花鼓原创主题演出《中都鼓韵》在滁州大剧院精彩上演,取得了院地文化交流合作和非遗传承的重大成果。举办凤阳花鼓培训班,也是培养传承人的重要举措之一。国家级非物质文化遗产凤阳花鼓传承人孙凤城长期在深圳、滁州、上海等地的院校开展免费传承培训,系统培训了300多名指导员,跟踪培训、培养出一批批优秀的花鼓健身爱好者、表演者。另外,凤阳当地政府还实施了凤阳花鼓艺术保护工程,成立了凤阳花鼓研究会和凤阳花鼓乡艺术团,组建了凤阳花鼓艺术学校,筹建了凤阳花鼓艺术博物馆。这些实效措施有力地推动了凤阳花鼓的传承和发展。

六、凤阳花鼓的发展展望

在"健康中国建设"的时代诉求下,在当下以"互联网+"为特征的改革创新时期,安徽凤阳花鼓更应秉承创新发展的理念,更好地为人类服务。

(1)保持凤阳花鼓的本原功能:健身、娱乐

凤阳花鼓的产生与民间的生产、生活联系紧密,在生产中,人们击鼓互歌、自娱自乐,共同分享劳动的喜悦是凤阳花鼓本原功能。渐渐地,凤阳花鼓多被用于民间农事联欢、喜事典贺、节会庆祝等活动,表演者多为

姑嫂二人。清朝乾隆年间（1736年—1795年），二人演唱的凤阳花鼓被改编为由六到八人甚至更多的人进行表演。在花鼓表演前，表演者需要进行集体训练，以增强身体的力量，提高身体的协调性、柔韧性和耐力等素质，这使得凤阳花鼓的健身功能与娱乐功能紧密相连。2016年，习近平主席在全国卫生与健康大会上强调"把人民健康放在优先发展战略地位"。在这一"大健康"观的指导下，凤阳花鼓承担的首要职责依然是维护人民的健康，发展其健身功能。因此，拓展凤阳花鼓的表演渠道和锻炼形式，把凤阳花鼓内容融入社区、学校、广场等地方的锻炼人群的健身生活，加大凤阳花鼓的普及力度，扩大凤阳花鼓的普及范围……这些举措的实施对满足人们在新的社会生活方式下的生活需要、升华人们的心灵、丰富人们的情感、全面提升人们的身心素质，对进一步丰富新农村、城镇、学校的健身人员的体育文化生活，都有重要的作用。

"传承文化遗产，舞动健康人生。"2012年，凤阳县组织专门力量编创了适合现代人健身需求的新舞蹈——凤阳花鼓健身舞，在全县培训推广。该舞集表演和健身功能于一体，将健身动作与凤阳花鼓相结合，极具展演性、观赏性和健身性，适合各类健身人群演练，深受健身爱好者喜爱。

（2）将凤阳花鼓作为地方经济发展的核心驱动力之一

凤阳县以独具特色的全国非物质文化遗产凤阳花鼓为媒，唱响了招商、旅游、传承等大戏，赢得了经济效益和社会效益的双丰收。目前，凤阳花鼓已被评为"滁州市特色宣传文化活动品牌"。凤阳县"以花鼓为媒，唱招商大戏"，除了成功地举办了四届"中国·凤阳花鼓文化旅游节"，还每年组织凤阳花鼓表演队参加深圳文博会、徽商大会、厦门中洽会展演，专门组织了两场凤阳花鼓招商推介会，吸引来浙玻集团等中外知名企业也水晶灯饰城等投资规模在亿元以上的项目。目前，"心随鼓点动，闻鼓声来凤"投资兴业,已完成投资 80 亿元以上;"敲凤阳花鼓,唱经济大戏"主题活动已取得一定的经济效益,已成为支撑凤阳地区经济发展的特色文化品牌。近年来,政府部门围绕凤阳花鼓做了大量文章,在使凤阳花鼓大放异彩的同时,也挖掘出了以花鼓文化促进地方经济发展的诸多营销策略,实现了经济的跨越式发展,使本地区的招商引资额度由落后状态跃居全省前列,企业规模明显扩大,城市整体面貌焕然一新,人民的生活水平得到了提高。"中国·凤阳花鼓文化旅游节"的成功举办有助于凤阳花鼓从地方民俗向文化产业转变,使凤阳花鼓上升为一个知名的文化品牌,增强了凤阳花鼓为经济服务的功能,有利于构建"和谐凤阳、人文凤阳、生态凤阳、魅力凤阳",能够实现经济社会事业的又好又快发展。

(3)加强凤阳花鼓的文化内涵建设

凤阳有着丰富的历史文化资源,凤阳花鼓、凤画、明文化等在国内外影响深远。在凤阳花鼓越唱越鲜活的今天,举办"中国·凤阳花鼓文化旅游节",使其成为展示经济、社会、文化亮点和弘扬优秀传统文化的重要载体,对繁荣文化产业、发展文化事业、建立文化品牌均大有裨益。

凤阳花鼓是在农耕社会中产生的一种民间大众艺术,是我国农耕文化、民间文化的凝聚和升华。因帝王的推崇和劳动人民的喜爱,凤阳花鼓自创立以来,经过发展、沉淀和流传,完整地保存了民间地区的劳动、生活以及民俗的记忆,充满了浓郁的农耕气息和鲜明的地域民俗特征,具有悠久的历史文化、农耕文化、区域文化、艺术文化等内涵。今天,凤阳花鼓已从民间艺术发展成为舞台艺术,走上了中央电视台、中国农民歌友会、北京奥运会、上海世博会等大型舞台,还应邀参加了许多国内外演出、招商大会和旅游景点展演等,展现出独特的花鼓艺术风采。在全球一体化的进程中,凤阳花鼓正在走向更为宽广和丰富的艺术领域。"只有民族的,才是世界的。"凤阳花鼓文化的发展还需吸收多元文化的精髓,并与多元文化融合发展,增强文化软实力,使凤阳花鼓成为人类共同的文化财富。

第七节 叠罗汉

叠罗汉是古徽州(现安徽省黄山市)歙县三阳镇叶村的一项独具特色的民俗体育项目,是集古代杂技、体育于一身,源于宗教文化的民间艺术。① 从本质上讲,叠罗汉是一种游戏,也是一种体育活动或表演,由两人或更多人互相配合、层层叠成各种造型精巧的样式,古代时由多层盘腿而坐的罗汉组成造型,故名"叠罗汉",时常出现于马戏团特技表演、啦啦队表演以及舞蹈表演等表演中。人上架人,重叠成各种形式,叠罗汉分为男子、女子和男女混合造型几种。它是我国现存最完整、独特的民间杂技之一。

1. 叠罗汉的起源

叠罗汉,古称"踏肩",是我国古代百戏的一项节目。关于叶村叠罗汉的起源,众说纷纭。根据叶村洪光通、洪泽泉、洪立全、洪允忠、王经水、洪允文等老人以及邻村的人的讲述,再结合我国古代社会的历史现实,我们整理出了合乎实际的叠罗汉的起源学说。

叶村叠罗汉起源于元末明初,盛行于明朝中叶,已有六百多年的历史。元朝末年,因为有荒诞的元朝律例的允许,霸占妇女合法化,古徽州所有寺庙的和尚均有此恶行。另外,元朝末年,社会动荡,政局动乱,元政府推行了严厉的民族压迫政策,赋役沉重,再加上灾荒不断,广大民众在

---

①吴灵萍,方利山,蒋国强,等.徽州民俗体育项目"叶村叠罗汉"的特征与价值[J].北京体育大学学报,2011,34(2):41-44.

死亡线上挣扎。老百姓对这些元兵和花和尚恨之入骨,徽州人民早已有了驱鞑虏、除恶霸、烧古寺、驱蒙古族元兵的想法和计划,所以元末时农民起义此起彼伏。据说,叶村人早早地就把大部分粮食装在瓦罐里,埋在后山地下,以备战时之需。在一次元兵入侵时,村中的洪周、洪贵兄弟以妙计退乱兵。他们首先点燃自家的茅草屋,并让村民把家门敞开,做出被土匪烧杀抢掠的假象,所有村民再跑到后山上躲起来。元兵见此情景,继续赶往叶村,并住进了叶村解元寺。接着,村里人里应外合,让在解元寺中洗衣烧饭或被霸占的妇女做内应,在寺庙外面,村人以叠人梯(叠罗汉)的方式将柴火丢进寺庙之中。熊熊的大火烧掉了解元寺,也烧死了那些霸占妇女的花和尚和不得人心的元兵。

又有叠罗汉起源于明朝嘉靖年间(1522年—1566年)一说。这种说法认为,叠罗汉是戚继光带领的抗倭义乌兵在作战、练兵之余,根据武术套路、战时阵法和杂耍技艺演练而成的一种练武取乐的游戏。当时的义乌"俗近秦风,喜习戈矛",百姓平日里喜练南少林派的罗汉拳,民间常以传说中的十八罗汉皈依成佛的故事为题材,组成罗汉班。叠罗汉大多由一个村或一个族组班表演,为逢年过节、寺庙开光、丰年庆岁求热闹时渲染喜庆气氛。罗汉班还作为每年重阳庙会迎神时的护卫队,于路过村落择地表演叠罗汉、滚狮子、练拳棍刀枪等。因此,叠罗汉这种习武娱人的游戏很快就在义乌一带流传开来,久而久之,逐渐形成一套较完整规范的表演内容和形式。

2. 叠罗汉的发展历程

在中国民间,叠罗汉是一种传统的体育游戏,具有古朴、粗犷的原生态特征。它由若干人互相配合组成造型动作,成为徽州山乡的一大景观。叠罗汉与其他很多民俗体育项目一样,在发源地的民间产生、成长、蔓延,在"文革"期间则受到了重创。直到1978年,歙县文化部门组织文艺工作者和民俗专家到三阳乡(今三阳镇)全面挖掘整理后,叠罗汉这一民间艺术才重新展现出它的独特魅力。我国影视、报纸、互联网等传播媒介的快速发展为叠罗汉的现代传承起到了极大的促进作用。1992年5月,叶村叠罗汉走出大山,在歙县首届枇杷节上亮相,赢得了中外客商的赞誉。2007年,叶村叠罗汉在皖、浙、赣、闽四省四市的民间艺术大赛中荣获金奖。另外,叠罗汉还多次参加各种民俗表演活动,并且作为一项独特的民间艺术成为黄山市旅游文化活动的保留节目。中央电视台、香港凤凰卫视、安徽电视台先后到叶村拍摄了《叠罗汉》专题片,《人民日报》《安徽日报》《黄山日报》和台湾《民俗曲艺》等报刊先后做了报道。叶村叠罗汉作为全国独有的特色体育民俗项目,已被列入国家级非物质文化遗产名录,叶村也成为黄山市唯一的"全国民俗文化村"。① 叶村叠罗汉的代表性传承人洪允文带领大家根据《罗汉谱》进行排演,整理出66套程式,寓意"六六大顺"。而原本《罗汉谱》中只有20多套程式,清末时,经洪玉书老人增编,《罗汉谱》中的程式增至53种。为了能够让这项具有深厚文化底蕴的传统民俗活动世世代代传承下去,以现任罗汉头洪声琦为代表的传承人们仍在不断创新,"五凤楼""八柱牌楼""童子朝普陀""解元寺庙"等都是他们新编的表演程式。

3. 叠罗汉的表演形式

总体上看,叠罗汉的表演形式类似于杂技,通过伏、卧、倒、立、拉、撑、支等不同的动作和姿势叠成多种人体造型,共有66种,以匡扶正义、驱邪纳福为文化内涵,以堆叠为表演特征,体现以团结互助为荣的可贵精神,

---

① 吴灵萍,方利山,蒋国强,等. 徽州民俗体育项目"叶村叠罗汉"的特征与价值[J]. 北京体育大学学报,2011,34(2):41-44.

将力量与和谐之美融为一体,体现了古徽州人民的聪明才智,是中国古老而重要的民俗仪式,是我国现存最完整的独特的民间杂技之一。①

叶村叠罗汉表演的综合性很强,集戏剧、舞蹈、武术、杂技、造型等于一体,表演过程有江南丝竹、锣鼓、唢呐等器乐伴奏,音乐无固定模式,多有婺剧风味。表演叠罗汉的人数从几人、几十人到几百人不等,一般要叠4至5层,高者有6层。众罗汉戴头套、画脸谱、露胸背,堆叠各种人体造型,最上层的观音或小罗汉一般由6至8岁的儿童扮演。众罗汉手持道具做出多种花样动作,虽十分惊险但妙趣横生,有些套路精巧得让人称奇。66种人体造型分为走阵(长蛇阵、蜈蚣阵、龙门阵、梅花阵、盾牌阵、叉盾阵)、滚叉(单手滚、双手滚、甩高滚)、拳术、刀棍术、操盾牌(单人打、双人打、大刀花、双刀花、单棍、双人棍、三人棍、操盾牌等)、叠罗汉(叠牌坊、叠塔、叠十殿、叠荷花、过人桥等)、哑背疯、懒头滚打、慈航普度等。各种套路都精彩绝伦、扣人心弦。如滚叉表演,人们手舞足蹈、穿插跳跃、循环滚动,在运动过程中还要把滚叉抛到几丈高的空中,之后滚叉会不偏不倚地落到人们身上而人们还能滚动自如。在整个表演中,奔放与严整、粗犷与细腻巧妙地融为一体。民间叠罗汉多是群众性表演,表演中,所有人的行动必须高度一致,服从指挥,循序渐进,这样才能演变出阵式,否则就有可能走不出阵式。叠牌坊、叠塔、叠十殿、叠荷花、过人桥等造型表演叠图精巧,行走路线严格,高达四五层。参与人员必须同心协力、共担分量,才能完成精彩的表演。总之,叠罗汉的各种叠型都表现出粗犷、阳刚之美,让人内心震撼。极强的艺术感染力让表演者情绪高涨,让观众身心愉悦,凝聚着大山深处人们的情感与精神,这也是叠罗汉表演自起源以来500多年间从未间断的重要原因。

---

①吕贤清."叶村叠罗汉"保护与开发[J].黄山学院学报,2011,13(3):68-71.

第八节 采茶舞

采茶舞是集民间舞蹈、灯彩等多种元素为一体的民俗体育项目,富有张力与艺术色彩。采茶舞流行于我国南方丘陵地区,主要分布在江南、西南一带,如赣南客家、广西玉林、浙江杭州等地区。各地的采茶舞虽然略有差异,但是总体上都与采茶活动密切相关,而且内容丰富,动作优美,节奏较慢,与悠然自得的自然风光完美融合。采茶舞源自茶农的日常采茶生活,从诞生至今已有400余年的历史,极具民族特色和地域特色。当前的采茶舞已成为一种主要体现汉族人民的生活民俗、文化背景、社会结构等传统文化的"活化石"。

1. 采茶舞的起源与发展

《光绪宁海县志》卷三载:"石马有刀溪可灌溉,有山无海,产茶。"据《郑氏宗谱》记载,石马郑氏祖先文回公南宋年间从高枧双娄茶山迁居于宁海县,辛勤劳作,在山上山下、地边角落、山湾山岗、坑边岩档甚至路边墓旁都种上茶叶,还有山湾名曰"茶园湾",采茶舞便应运而生。采茶舞起源的另一种说法是,唐朝已盛行采茶舞,所以采茶舞的起源时间应该更早。大唐时期,品茶之风盛行,皇宫内眷之间更盛行一种品茶、斗茶的采茶舞风气。每逢春季采摘新茶时,宫廷中便会举行一些庆典、祭祀或茶艺活动,采茶舞便是这类活动中不可缺少的一项内容。采茶舞是唐代的一种特殊的舞蹈,既不同于宫廷流行的歌功颂德的"软舞",也不同于从国外传入的胡旋之类的"健舞",而是"软舞"与胡旋舞中的元素融合而形成的一种独特的舞蹈。

至明朝中叶,采茶歌谣盛传于整个江南地区,出现了以坐唱为主要形式的"十二月采茶歌"。采茶歌主要以传统的歌舞形式流传于民间,这种采茶舞最早出现在桂东南地区。一百多年后,采茶舞已经在赣南地区广泛流传。采茶歌流传至赣南地区时,当地客家人在传唱过程中将日常采茶活动中的动作融入采茶歌,并将这种采茶歌舞形式积极融入传统的祭祀、节庆活动中。赣南《信丰县志》中的《南安吟》对当时采茶歌舞在赣南地区的流行程度进行了记录:"采茶歌,村童扮作妖娥。周历乡里寻瑶,回眸一盼巧笑瑳。纨绔子弟争打彩,持杯谑浪肆摩挲。可怜铁石燕泣口,蛋民生计下煤窝。满面烟灰十指黑,出看采茶也入魔。辛苦得钱欢乐洒,囊空归去,学得'阿妹'一声。"

清代是采茶舞发展的鼎盛时期。"中华民国"期间和"文革"期间,受社会动荡因素的影响,采茶舞一度停滞不前,曾被视为"封资修"的产物而被取缔。改革开放后,国家实行"百花齐放,百家争鸣"的文艺方针,相关的茶文化活动再次兴盛,如茶歌、茶舞、茶诗、茶画、茶道,采茶舞也重获生机。相当多的传统剧目被重新发掘、整理出来,剧作家们也创作了一系列富有时代特色和精神追求的代表作品,如《花灯仙子》《连妹子》《改风水》《绿叶扶花》《选女婿》。

2.采茶舞的表演形式

采茶舞源于茶乡人民的劳动生活,是一种富有地方特色的舞蹈形式。其动作特点是朴实大方、富于幽默感,其基本动作来源于日常生活,与茶树的栽培、茶叶的采摘、做茶的方式有关。表演者多注重腰部以上特别是手臂部位的动作,身体下部的动作不多。采茶舞内容丰富,表演者舞姿柔美,一般是民间采茶人的自娱性舞蹈。采茶舞对表演场地的要求不高,有一块空旷场地即可,如草坪、晒场、房前屋后的空地。即使是有组织的演出,其对场地的要求也不高,只需在空旷的地方用竹木搭台。

采茶舞的表演动作很有特点：演员走步时，两手柔摆，双膝微颤。演员使用的道具有麒麟、凤凰、钱尺、彩扇、手帕、彩带、花篮、花伞、铜钱鞭等，伴奏乐器以二胡、笛子、唢呐为主，再伴以锣、鼓、钹等打击乐器。采茶舞的表演采取歌舞结合的形式，一般由男女演员共同表演。男演员被称为"茶公"，一般头戴黑色彩绣头圈，腰缠红腰带，脚穿黑布鞋。采茶舞中的不同角色需要穿不同的服装，主要服装有白色对襟上衣、白长裤、蓝长裤、红背心、黑背心等，衣裤背心均镶有各色彩线。茶公常用颤腿、屈膝做矮桩采茶舞动作，舞步轻快潇洒。演员手中的钱尺在表演"开荒舞"时可作锄头用，表演炒茶时可用来做拉风箱的动作，动作诙谐，富有情趣。女演员被称为"茶娘"，一般戴红色彩头圈，脚穿绣花鞋。茶娘有穿淡黄色斜襟上衣、红色百褶裙的，也有穿红色大襟衣、青色长裤，或身扎彩衣、腰系绣花围裙的。茶娘表演时多运用细碎轻盈的舞步，以"十字步""踏步转"为主。她们手持道具，舞扇时，手腕灵活地抖扇，彩扇轻挥疾拢，有如云朵飘舞、柳絮轻扬，舞姿婀娜，仪态万千；甩伞时，胸腰有提、沉、含、放的动作；手持茶篮采茶时，身体左右两边的护身都具有巧、柔、圆的风格。茶娘一边唱《十二月采茶歌》，一边舞，表现采茶姑娘上山坡、走小路、穿茶丛以及双手采茶、拣茶和在归途中追、扑蝴蝶的喜人形象。整个采茶舞节奏轻柔舒缓。在跳跃、活泼的乐曲中，表演者在过门呈"△"形循环串插，步履轻盈如蜻蜓点水，偶尔又急如流水疾风。采茶舞的表演现场气氛热烈，让人联想到风和日丽、生机盎然的茶乡春天。

采茶舞是采茶文化的典型代表。中华人民共和国成立前，采茶舞中的茶娘由男演员扮演，妇女一般不参加；中华人民共和国成立后，妇女也参与到采茶舞表演的队伍中，这时，茶娘是名副其实的女性，舞姿更加婀娜，采茶舞的内容也有了更多的创新性发展。采茶舞有开台茶（恭茶）、乃茶、十送茶、老正茶、洋红茶等十多种表演形式,表演场所从民间走上了更多、更大的舞台,既实现了艺术"从人民群众中来,又回到人民群众中去"的目的,又体现了"艺术是人类共享的财富"的宗旨。

采茶舞在"且歌,且舞,且戏"的表演过程中表现民间劳动人民的生产、生活内容,或表现他们的甜蜜爱情、愉快心情等。富于故事性和浓厚生活气息的民俗体育项目——采茶舞抒发了茶农对自然生态的高度热爱之情和对美好生活的无限向往之情。采茶舞通过肢体的舞蹈动作传递着人们对自然美的欣赏和享受,也反映了人与自然和谐发展的理念,其独特的茶文化内涵是我国劳动人民珍贵的精神文化财富。

第三章　民俗体育现代化发展路径

民俗体育是我国各族人民在长期的认识自然、改造自然、生产生活实践中创造的丰富多彩的民间民俗活动形式,承载着人们的精神寄托,丰富着人们的生活内容。民俗体育及其文化是中华民族几千年来智慧与文明的结晶,是联结各族人民的情感纽带和维系国家统一的基础,在一定程度上对我国历朝历代社会的和谐发展与文明进步都起到了积极的、现实的推动作用。

第一节　民俗体育产业化发展

体育产业是指为社会提供体育产品的同一类经济活动的集合以及同类经济部门的综合。体育产业作为国民经济的一个门类,具有与其他产业相同的特性,即注重市场效益,讲求经济效益;同时又具有不同于其他产业部门的特性,因为其产品的重要功能在于提高居民的身体素质、发展社会生产、振奋民族精神、实现个人的全面发展和社会文明的全面进步。体育产业是名副其实的朝阳产业,20世纪90年代中期,美国体育产业的总产值已经超过3000亿美元。体育产业发达的北美、西欧各国和日本的体育产业已经成为其各自的国内支柱产业之一。中国体育市场的产业化始于20世纪80年代,在20世纪90年代中期,中国体育产业才具有较为完整的产业形态和较为完善的体育行业制度。民俗体育产业兼具民俗的娱乐性质和体育的经济性质,其重要目的是在娱乐健身事业中谋求经济效益,因而也具有商业性。欧美等地的民俗体育已经形成了巨大的市场,仅滑雪旅游一项,瑞士每年就可接待外国游客1500万人次,创汇70亿美元。我国的民俗体育产业不仅打造了文化遗产观光胜地,还建立了休闲、度假、养生等各种民俗体育项目基地,吸引了众多的国内外游客。

为不断深化体育事业的改革,加快体育产业的发展,我国政府在国家政策层面制定了多项政策,以推动体育产业的健康良性发展。2014年10月,国务院发布了《关于加快发展体育产业促进体育消费的若干意见》,而在此之前,已有多份关于体育产业的文件下发:2006年7月,国家体育总局颁布了《体育事业"十一五"规划》;2010年3月,国务院办公厅颁布了《关于加快发展体育产业的指导意见》;2011年4月,国家体育总局颁布了《体育产业"十二五"规划》;2014年3月,国务院发布了《关于推进文化创意和设计服务与相关产业融合发展的若干意见》。这些政策的颁布凸显了国家推动体育产业发展的意志以及政府发展体育产业的雄心,决定了体育产业发展的规模、速度和结构。

在体育产业上升到国家战略层面的高度后,体育产业中的广告业、博彩业、建筑业、旅游业、服务业、用品业等行业都得到了充分发展。社会各界对体育产业的发展也充满期待,投资者信心满满地规划投资项目,消费者开心舒畅地进行消费享受。在体育产业发展势头迅猛的背景下,我国民俗体育这笔宝贵的特色文化遗产发挥其民俗风情的魅力,打造了不同项目和各具特色的文化品牌,在发挥招商引资、强健国民体魄功能的同时,开辟新的消费市场,助力经济发展,实现了其在物质文明、精神文明建设中的作用。因此,我国政策支持的体育产业化发展道路为民俗体育的产业化发展带来了希望与机遇,是民俗体育健康发展的必然选择。

第二节　民俗体育产业化发展路径

一、坚持民俗体育与旅游业协调发展的策略

2001年2月,由世界旅游组织和国际奥委会联合主办的"世界体育与旅游大会"在西班牙召开,拉开了体育旅游的帷幕,体育旅游成为体育界关注的焦点,也成了体育产业发展的热点。同年,中国国家旅游局也专门策划、组织了"2001中国体育健身游"主题活动。紧跟国际体育旅游的发展趋势,我国还出台了构建体育旅游圈的一系列措施,以发展国内的体育产业,拉动经济增长。

在国内外体育旅游快速发展之际,基于民俗体育资源丰富而又各具民俗特色的特征,民俗体育也成为旅游资源开发的一大热点。"北人善马,南人善舟"道出了我国不同地域民俗活动的差异。民俗体育以自身丰富的内容,以民间喜闻乐见、易于开展和普及的健身娱乐方式,参与到旅游服务业中,让游客在旅游中体验异地民俗风情、观赏民俗表演活动,并以获取经济利益为目的,而成为民俗体育旅游。民俗体育旅游是体育旅游的组成部分。旅客在旅游过程中,可以亲身参与、体验他乡的民俗体育活动,在参与、体验的过程中,能够了解不同地域的特色民俗体育,了解各地的民族风情、体育文化和生活文化。旅客在参观、体验的过程中乐意消费,能够达到开阔视野、提高人文素养、丰富生活内容、提升精神境界的效果。因此,民俗体育与旅游业结合起来能满足人们休闲娱乐、探亲访友、商务合作、专业访问、健康医疗、宗教朝拜等需要,而且民俗体育旅游资源日后的可持续性开发潜力巨大,经济效益可观,是民俗体育产业化发展的优势路径。

二、打造民俗体育文化品牌战略

一个地方的民俗体育文化会折射出当地的历史发展进程、民俗文化、生活文化、生活方式、运动健身、审美情趣等,也是一个地方区别于其他地方的独特的展示方式。民俗体育这种地域性的资源优势就是其商业开发价值和产业价值。地方经济的发展和繁荣的关键是招商引资,发展模式是招商引资成功与否的决定性因素。要想招商引资,我们就要打造特色鲜明、人文底蕴丰厚、有发展潜力的地方文化品牌。

山东潍坊打造的潍坊国际风筝节就是利用当地的特色资源优势成功打造地方民俗体育文化品牌的代表,影响了世界各地的30多个国家和地区,是我国最早冠以"国际"二字并被国际社会承认的大型地方节会,拉开了"风筝牵线,文体搭台,经贸唱戏"的帷幕。从1984年至今,潍坊国际风筝节已成功举办了33届,成为潍坊经济发展的支柱,其成功经验被全国各地广为借鉴。随后,"一地一品"或"一地多品"的民俗体育文化品牌战略在全国各地纷纷推进。每个地方都在挖掘发展前景好、具有竞争优势、市场潜力大的民俗体育资源,把民俗体育资源作为当地的一个文化品牌进行重点打造。这为各地经济创收带来了保障,也促进了各地经济与文化的发展。

地方民俗体育资源一旦成为地方的支柱性特色产业资源,将有力地推动地方经济的转型升级,打好这张"文化牌"对地方经济的发展具有很大的促进作用。在当地经济文化得到发展的同时,人们对体育生活的需求也随之增加了,从而促进区域产业集聚区的形成,带动区域产业向前发展,实现经济效益和社会效益的双赢。今天,民俗体育及其文化已成为推动经济发展的有效载体。保护、传承好民俗体育资源及其文化,搭好文化台,唱好经济戏,打造民俗体育文化品牌,以文化积淀蓄积发展力量,以产业融合推动经济发展,走好互利共赢之路,是民俗体育文化品牌战略发展的决策选择。

三、加强民俗体育与影视娱乐业的联盟发展

电影、音乐、电视、广播等大众媒体也可以列为娱乐业,如《快乐大本营》。"娱乐,即使人快乐或消遣,亦指快乐有趣的活动。"娱乐是人的本性,是一种身心联动的体验,结果应该达到某种惬意感和满足感。当代最普及的娱乐是通过影视、音乐、演出、网上虚拟生活或参加歌舞厅、夜总会、健康休闲和趣味体育活动等来实现的。这些"为社会提供娱乐产品的同一经济活动的集合以及同类经济部门的总和"构成娱乐产业。影视娱乐业不会轻而易举地退出人们的生活,将一直影响人类的娱乐行为,成为人类生活中基本的调适元素。

人类娱乐大致可分为三大类:(1)文化娱乐,即人们为了"心灵的愉悦",根据自己的兴趣爱好选择不同的文化产品来消费。这是人类所特有的娱乐。(2)体育娱乐,即人们为了获得"身体的愉悦",根据自身条件所进行的简便易行、富有情趣的各种身体练习,如各种体育游戏,运动就是"以愉悦为目的而从事的一种消遣或一种身体活动"。体育娱乐又分文化性体育娱乐和休闲性体育娱乐。(3)休闲娱乐,即人们为了缓解紧张、单调、寂寞和无聊,选择各种"消费闲暇时间"的行为。

民俗体育的艺术表演兼具文化娱乐、体育娱乐、休闲娱乐三大特性,是人们在闲暇时间里进行享受和娱乐的方式之一。民俗体育若与影视娱乐业联合发展将实现互利共赢的局面,媒体不仅能对民俗体育起到很好的宣传作用,而且还可以加快其产业化发展的进程,实现其娱乐功能和经济功能。现实中,民俗体育与影视娱乐业联合发展已初见成效,如2008年9月24日,中央电视台七套《乡土》栏目播放的专题片《花鼓一家人》生动地展示了安徽凤阳花鼓的风貌。影视传媒打破民俗体育的地域性限制,让更多的人打破时空的限制在闲暇时间里进行享受和发展性消费,以娱乐方式实现人们的精神需要,拉动娱乐经济的发展。因此,民俗体育与影视娱乐业联合发展是民俗体育产业化发展的现代化模式,应加强推广

这一模式,通过媒体的宣传,让更多的人在媒体娱乐业中享受和了解各地的民俗体育项目。

四、助推民俗体育走向健身行业

健身俱乐部源于欧美等发达的西方国家。设立健身俱乐部的主要目的是让人们通过锻炼身体获得身心健康,让健康的生活方式成为人们生活中的必需品。我国健身俱乐部发展相对较晚,其数量、质量都远远落后于欧美等西方国家。随着我国经济的飞速发展和人们生活水平的不断提高,很多人都有了"花钱买健康"的意识,健康生活理念已经越来越深入人心,人们花在健身上的费用和时间也越来越多。

现在,各种各样的综合性的大型健身俱乐部随着人们的健身需求的增多而越来越多。在城市中,健身已成为白领上班族所喜爱的运动方式之一。加入健身俱乐部为自己的健康投资已成为人们实现自己健康生活最佳途径,各种健身项目因此层出不穷,如踏板操、有氧健身操、拉丁健美操、爵士健美操、肌肉健美项目、街舞、瑜伽。这些健身项目已成为不同年龄段的人追求健康体魄的时尚运动。

民俗体育作为我国一种传统的健身运动形式,群众基础较好。把民俗体育引入健身俱乐部,特别是社区健身俱乐部,让其为社区健身事业服务能很好地发挥它的健身价值。从体育产业的角度看,民俗体育的健身娱乐功能可以为俱乐部带来一定的产业价值,增强体育产业的实力。

五、让民俗体育积极参与各种庆典活动

社会组织为引起公众的关注、扩大知名度,利用自身或社会环境中的有关重大事件、纪念日、节日等所举办的各种仪式、庆祝会、纪念活动等总称为庆典活动。通过庆典活动,社会组织可以体现自身的领导和组织能力、社交水平以及文化素养,还可以广交朋友,广结良缘。民俗体育以其原生态的艺术形式,向社会公众展现自我,带给人们视觉享受和听觉享受,让人们身临其境般地沉浸在艺术殿堂中,让人在体验民俗体育的过程

中感到无比快乐,因此,民俗体育在各种庆典活动中频频亮相。

民俗体育积极参与各种庆典活动已经成为民俗体育项目产业化发展的主要路径。例如,安徽凤阳花鼓于2010年6月22—27日参演上海世博会"安徽周"系列活动,非遗传承人孙凤城带领40名花鼓女在世博会的40多个场馆进行演出,主打曲目是《春风吹绿花鼓乡》,伴奏曲包括《凤阳是个好地方》《鼓乡情韵》《凤阳新歌》《流水清清凤阳美》《凤阳变成金凤凰》《中国鼓》等。此次演出向国内外友人展示了安徽凤阳节奏明快、鼓调优美、舞蹈韵律性强的民间艺术——凤阳花鼓。人们从表演活动中体会到蕴含在民俗体育中的社会文化意识,在心理上更加认同民俗文化,这对民俗体育的传承和民俗体育文化的传播都起了积极的推动作用,对民俗体育的产业化发展具有重要的推广意义。

第四章 民俗体育资源开发

第一节 民俗体育旅游资源开发

一、民俗体育旅游资源是开发民俗体育旅游产业的潜力与动力

现代旅游产业在20世纪得到了前所未有的发展,已逐渐发展成为全球最大的新兴产业。随着经济的发展和人们生活水平的提高,人们的精神文化需求也随之增加。人们对精神文化的需求是人们追求品质生活的一种内在动力。旅游现今已成为国民休闲娱乐、满足精神需要的一种高雅的生活方式之一。体育旅游是体育运动项目与旅游资源相融合的一种供人们娱乐、健身的休闲方式,是旅游产业的组成部分。

民俗体育旅游是指人们以观赏和参与民俗体育活动为主要目标的旅行和暂时在异地逗留时所进行的与民俗体育活动有关的健身、娱乐、表演、竞技等活动形式的总称。在体育旅游基础上发展起来的民俗体育旅游是旅游多元化发展的结果,是人们共享民族文化、地域文化、特色民俗活动的最佳选择,是旅游业开拓发展的新秀和亮点,受到社会各界的关注,深受游客的喜爱、追捧,因为民俗体育旅游迎合了游客对旅游产品的特色需求、参与需求、体验需求、健身价值需求,而成为未来旅游发展的新热点。[1]

---

[1] 邓凤莲.河南省民俗体育旅游资源的优势与开发对策研究[J].山西师大体育学院学报,2008,23(1):59-62.

发展民俗体育旅游事业,民俗体育旅游资源是人们开发旅游景点所要考虑的首要因素。所谓的旅游资源,就是客观存在的、能增强对游客的吸引力、激发游客观赏风光、领略美景的兴趣与动机的资源,涵盖自然景观、人文景观、历史人物、宗教文化等内容,这些资源与民俗体育融为一体,使游客在游玩中体验与民俗体育活动有关的游玩项目。也就是说,民俗体育旅游资源,它能让人们在异地旅游时,了解当地历史,感受他乡的民俗风情,见识异域风情民俗体育的内涵、精神、运动、造型、力量之美等内容。

我国地形和气候的多样性以及民族和地域文化的多样性等因素,使得我国的民俗体育资源各具特色,内容丰富多彩,如北方人民进行的骑射、摔跤活动,沿海地区的游泳、潜水活动,崇山峻岭中的登山、攀岩项目,田间地头的秧歌、采茶舞,节日里盛行的舞龙舞狮、祭拜神灵、祭拜宗祖等活动。可以说,每个地区、每个民族都有自己独特而珍贵的民俗体育项目。正是这些不同地区形成了不同的民俗风情和民俗体育活动,才有了"南人善舟,北人善马"的事实差异。开发民俗体育旅游资源的最大缘由,是它与人们的日常生活接近,能让人们开心地主动地参与到不同的民俗活动中,亲身感受不同地域的民俗、文化,让人们融入当地的特色活动中,在当地的民俗运动中体验健身和娱乐的乐趣,而不再局限于传统的观光旅游形式。

民俗体育旅游作为一种高层次、高品位、高参与性和体验性的文化旅游,因迎合和满足了现代人求新、求异、求知、求同、寻根、健身、体验、参与等心理需求,而成为现代旅游业发展的新趋势。目前,旅游产业已经开始从"3S"(即 sunlight、sandbeach、seawater)转向"3N"(nature、nostalgia、returnnative)①。"3N"理念与民俗体育发展理念高度吻合,民俗体育旅游

---

① 杨海寰,李晓晖. 基于"体验经济"理念的旅游发展战略研究[J]. 云南师范大学学报,2005,25(3):72.

以"3N"理念为发展基础,再融合"养生"概念协调发展,将成为人们健康生活方式、精神文明追求、高品位休闲旅游的主流,也将成为旅游业的新的发展方向,得到再次开发并推向旅游市场。

二、民俗体育旅游资源开发现状

1. 民俗体育旅游资源在各景点的开发程度不同

旅游业创造了巨大的经济价值,已成为各国推动国民经济发展的支柱产业。开发有特色价值的旅游资源,吸引游客前往体验、分享,满足人们对美好生活的需要,是旅游事业发展的重大方案之一。在振兴旅游事业的过程中,民俗体育旅游作为一种新兴的旅游方式,已获得了人们的认可,成为景区开发的亮点工程。民俗体育旅游规划、开发、经营比较成功的案例是山东潍坊的"千里民俗旅游线"。1984 年,首届潍坊国际风筝会成功举办,之后,每年举办一次,吸引了大批的中外游客,使潍坊成为山东省重点发展的旅游城市。潍坊能够顺利发展成为重点旅游城市,不仅与潍坊享有"世界风筝之都"的美誉有关,还与山东省旅游局成功开辟了"千里民俗旅游线"的民俗旅游景区有关。

"千里民俗旅游线"是潍坊依托当地的名胜古迹、历史文物、年画之乡、人文景观、自然景观、宗教文化、民间艺术、手工艺品、风味小吃等独具特色的文化而开发成功的。潍坊的名胜古迹有"三山联翠、障城如画"的云门山、驼山、劈山。云门山是一著名的古迹,山顶云门,远望如明镜悬空,曾有"明光一点通南极"的诗句,云门山阴有一巨型摩崖石刻"寿"字,人称"云门献寿";驼山有隋唐时期摩崖石窟造像群,石刻艺术精湛,保存完好。潍坊的历史名城有古老的青州。青州为古九州之一,历史文物十分丰富,东夷先民在这里创造了灿烂的古代文明,它还是齐国、西汉、隋唐、明清等朝代在山东地区的政治、经济、文化中心。另外,青州还有广固城、明清古街道、国家一级博物馆青州市博物馆等。潍坊的年画之乡是指杨家埠村,杨家埠村为全国三大木版画发源地之一,誉满全球。杨家埠民间艺术大观园为仿古建筑,四合院结构,内有杨家埠木版年画陈列馆、杨家埠风筝陈列馆、民俗院、婚俗馆。人们在这里可以亲手扎制风筝、套印木版年画,也可以放风筝、坐空中缆车等。潍坊的人文景观有潍城的十笏园,十笏园是一处著名的古代园林,布局精巧。潍坊的自然景观有仰天山国家森林公园,仰天山地下溶洞长达数百米,溶洞之大为中国北方之最;临朐沂山,沂山林木茂密,巍峨多姿;老龙湾风景秀丽,四季恒温;石门坊的秋山红叶令人心旷神怡。潍坊的宗教有世界上五大宗教——佛教、道教、伊斯兰教、天主教、基督教,这五大宗教在青州都有悠久的历史。在民间艺术、手工艺品方面,潍坊红木嵌银漆器为全国独有,仿古铜器、布玩具、核雕、红丝砚等手工艺品制作精美,蜚声中外;高密扑灰年画、剪纸、泥塑等民间艺术独树一帜,倍受人们的青睐。在山东潍坊,民俗事象已得到了较好的挖掘,而且也较好地与旅游者的需求结合起来。

　　"千里民俗旅游线"的主要旅游线路有5条,旅游者可以按照自己的兴趣和爱好挑选旅游路线。5条旅游线路分别是:(1)民俗旅游线。以潍坊国际风筝会为龙头,以"千里民俗旅游线"各景点为基础,根据游客的不同要求开展专项旅游,包括风筝游、情系乡间游(以体验农家生活为主)、民间艺术游、化石探古游、书法游、风味美食游、名胜古迹游等。(2)观光旅游线。以青州、临朐的自然风光和人文景观为主,包括云门山、驼山、玲珑山、仰天山、偶园、范公亭、沂山、石门坊、老龙湾、山旺化石、青州博物馆等景区。(3)娱乐旅游线。以富华游乐园、金宝乐园、浮烟山旅游度假区、昌乐宝石城为主,通过全面开发,把潍坊建成现代化设施齐全,集观光、度假、娱乐、休闲为一体的旅游娱乐中心。(4)以潍坊北港为龙头的海上旅游。主要包括海上观光、娱乐和海上运动项目,达到吃、住、行、游、购、娱六大要素基本配套。(5)以农业高新技术走廊为龙头的田园生态旅游。潍坊至寿光已基本完成田园生态旅游项目的开发。潍坊至青州、潍坊至诸城、潍坊至昌邑也将逐步开发。潍坊"千里民俗旅游线"

将给游客们留下美好而难忘的记忆。

在我国辽阔的少数民族地区、山区等一些经济不发达、民俗体育资源又丰富的地区，民俗体育旅游资源的开发却不尽人意，很多只是停留在口头的"主题"讨论中。这些地方的民俗体育旅游资源开发依然需要政府、社会力量、民间团体、个人的不懈努力，让游客尽情地领略独具特色的乡土文化和古朴的民风，让民俗体育文化在不同人群中得到更好的传承与交流。

三、民俗体育旅游资源的开发策略

1. 全面认识、统筹发展民俗体育旅游资源

民俗体育旅游资源是我国旅游产业资源开发中的闪光点，其魅力在于其民俗特色、风土人情、人文地理等景观优势，这些景观优势能将人们喜闻乐见的民俗事象、民俗活动融入旅游项目中。民俗体育旅游资源更多地蕴藏于原生态的乡村地区，因为民俗体育产生于各个历史时期的原生态的乡村，尽管现在的乡村受城镇化建设、新农村建设等因素的影响发展较为迅速，但相对于现代城市的发展来说，乡村的发展总体上还是滞后而缓慢的。

在进行民俗体育旅游资源开发时，运营管理者往往将其与乡村旅游、农业旅游结合在一起进行综合开发。的确，民俗体育旅游、乡村旅游、农业旅游之间存在一定的联系，如均可依托自然生态、人文生态，让旅游者观赏特色风光、疗养健身、参与"采摘游"等活动，当然也存在一定的区别。在特定地域的旅游资源开发中，经营者、开发者首先要全面认识资源开发的性质，然后进行统筹规划，再进行"点、线、面"的铺陈设计，重点开发差异性的民俗体育旅游项目，构建具有鲜明地方特色的民俗体育旅游文化圈，让旅游者能参与更多的民俗体育活动，体验当地的游艺民俗活动、信仰民俗活动、生产民俗活动等各具特色的民间民俗活动，同时增强旅游景区的吸引力，提高其知名度、美誉度、竞争力，让民俗体育旅游受到

更多人的热爱,成为他们享受休闲生活的优选方式。

2. 借助资源优势,开发民俗体育旅游特色体验项目

体验经济时代的旅游的显著特征是:旅客在旅游中以参与、体验为主要目的。体验经济以发达的服务经济为基础,它也被称为人类的第四个经济生活发展阶段,或称为服务经济的延伸,也是信息时代的产物。国内外各行业都在上演着体验或体验经济,如工业、农业、计算机业、旅游业、商业、服务业、餐饮业、娱乐业(影视、主题公园),等等。其中,娱乐业已成为世界上成长最快的行业之一。

民俗体育旅游业具有典型的服务经济性质,其服务特色是满足旅游者对特色旅游产品的需求,如健身需求、娱乐需求、参与需求、体验需求、观赏需求等。民俗体育旅游成为旅游发展的新热点、旅游开发的焦点已是不争的事实。各个旅游区的民俗体育旅游项目顺利吸引旅客的关键在于民俗体育旅游资源开发的新颖性、趣味性、娱乐性、健身性、参与性、合理性等因素。要想顺利开发民俗体育旅游资源,旅游景区的开发者、规划者、运营者就要整合本地域的优势资源,规划、开发民俗体育旅游特色体验项目,达到景中有人、景中有生活气息、景中有运动激情、游客自愿留恋其中的效果,把景区观光和运动体验有效地结合起来。

3. 建立区域景区联合开发模式,突出联合发展的理念

随着国内外旅游市场的快速发展,国内旅游业正积极探索旅游发展策略,努力打造特色旅游项目,提高旅游景区的核心竞争力,这也是我国旅游产业的发展主题。我国民俗体育资源的观赏价值供我国人民分享,也供世界人民共享;越是具有民族特色的民俗旅游项目越能吸引国外游客前来参观、体验。在一定地域或一定范围内,单个的特色不明显且知名度不高的民俗体育项目将很难达到可持续性发展的状态。因此,跨区域、跨景区挖掘整理多项民俗体育项目、开发多条路线、打造多种功能的旅游观赏游玩景区,做大做强旅游事业,已是民俗体育旅游业发展的最佳

选择。

民俗体育旅游景区依托多样化的特色资源展示本土的优势项目,让游客在观赏自然界秀丽美景的同时,参与到民俗活动项目中,在情景交融中获得"回归自然,融入文化"的效果,这也是民俗体育旅游事业拥有广阔市场前景的原因所在。在旅游业蓬勃发展的背景下,民俗体育旅游业扩大发展格局,建立区域景区联合开发模式,消除地方壁垒;建立"资源共享、市场共享"联合发展的理念,以开放的、包容的态度,迎接四方宾客;发展区域经济,切实提高民俗体育旅游产业的竞争力,是民俗体育旅游事业发展的现实路径。

4.打造区域旅游景区专题品牌

在中国制造业蓬勃发展的背景下,品牌价值是企业在市场上能否获得竞争优势的重要因素。各行各业都注重对品牌的塑造,积极推进品牌战略、提升品牌价值已成为行业谋求可持续发展的关键。对旅游业来说,打造专题品牌同样是旅游业管理、营销、提升核心竞争力的关键。打造民俗体育旅游专题产品品牌,是旅游景区产品形象策划、创新发展的重要环节。成功打造富有创意的新产品是该景区获取差别利润与生存价值的重要保障,是景区向外宣传的形象代表,符合商品市场发展的大趋向。如1987年山东泰安推出的"泰山国际登山节"集休闲观光、登山健身与旅游于一体,成功地将"泰山国际登山节"与当地的旅游资源进行了有效的整合,目前,"泰山国际登山节"已经成为具有国际性、参与性、旅游性、经贸性和市场性的国际体育旅游产业的知名品牌,每年都吸引了众多的国内外游客前来游览。区域旅游景区专题品牌能增强民俗体育旅游产业在发展初期的竞争力,利于景区开拓市场;能宣传独特的开发、运营理念,使景区具有无可替代的景观优势、游客体验项目,从而得到消费者的认可;能使景区在市场层级中获得品牌资产累计的效果。

第二节　民俗体育课程资源的开发

一、课程资源概念

传统教育的弊端、信息时代教育的变革、学生对核心素养的培养的需求等因素使得课程改革在不断向前推进,由此引发的对课程资源的研究与开发是教育界、教育工作者必然要面临的现实而又重大的问题。目前,关于课程资源概念的界定,不同的专家、学者从不同角度提出了不同的观点:顾明远先生在其编著的《教育大词典》中提出了与课程资源相类似的一个概念,即教育资源,他认为,教育资源是"教育过程中所占用、使用和消耗的人力、物力和财力的总和"。徐继存等认为,课程资源是课程设计、实施和评价等整个课程编制过程中可利用的一切人力、物力以及自然资源的总和,包括教材以及学校、家庭和社会中所有有助于提高学生素质的各种资源。课程资源既是知识、信息和经验的载体,也是课程实施的媒介。[1] 吴刚平认为,课程资源是指供给课程活动、满足课程活动需要的一切。它包括构成课程目标内容的来源和保障课程活动进行的设备和材料,即所谓的"素材性课程资源和条件性课程资源"。[2] 我国的《基础教育课程改革纲要(试行)》把课程资源分为校内课程资源、校外课程资源和信息化课程资源三类。综上所述,课程资源涵盖课程要素的来源、实施课程的必要而直接的条件。

关于课程资源的分类有很多,本研究采用的是我国《基础教育课程改革纲要(试行)》中课程资源的三类分类标准:信息化课程资源是推动

---

[1]徐继存,段兆兵,陈琼.论课程资源及其开发与利用[J].学科教育,2002(2):1-5.
[2]吴刚平.课程资源的理论构想[J].教育研究,2001(9):58-63.

课程改革、教学方式方法不断创新的动力源泉;校内课程资源是课程建设与发展的中坚力量,包括教科书、教师、学生,师生本身不同的经历、生活经验、学习方式、教学策略,校内各种专用教室和校内的各种活动等人力、物力、财力资源;校外课程资源外延更广泛,主要包括校外图书馆、科技馆、博物馆、乡土资源、家庭资源等,自然资源更是民俗体育课程资源开发中的宝贵财富。

二、民俗体育课程资源的构成

基于国内的专家、学者对课程资源概念的界定,结合民俗体育的民间性、民俗性、全民性、健身娱乐性等特征以及学校课程资源开发和使用的便利性,本次研究把民俗体育课程资源归纳为五类:自然资源、人力资源、项目资源、设施资源、信息资源。自然资源主要包括地形、地貌、地势、气候、二十四节气等;人力资源主要指教师、学生、学校管理人员、教辅人员、民间艺人、社区指导员等;项目资源指在群众中广泛开展的各类民俗体育项目;设施资源包括校内外民俗体育运动的场地、器材、道具、装饰品等;信息资源主要指多媒体化、网络化、交互化的以网络技术为载体开发的校内外资源。在信息化技术运用的背景下,"传统+创新"的资源开发模式将不断产生新的课程资源素材,继续丰富、充实民俗体育课程资源的内容体系。

三、民俗体育课程资源开发的现实意义

1. 新世纪教育改革与发展、课程改革与发展的需要

国家高度重视新世纪人才的培养工作,国务院、教育部先后颁布关于教育改革与发展、课程改革与发展的文件:1999年,中共中央国务院颁布的《关于深化教育改革全面推进素质教育的决定》;2001年教育部颁发的《国务院关于基础教育改革与发展的决定》。这两个文件都强调"实行国家、地方、学校三级课程管理,增强课程对地方、学校及学生的适应性",即各地要在达到国家规定课程的基本要求下,规划、开发并管理好地方课

程,发展好学校课程。

民俗体育课程资源是典型的地方课程资源类型。对民俗体育课程资源进行开发,并将民俗体育课程资源纳入学校课程资源的管理体系中,是贯彻落实文件精神的直接体现,也是民俗体育课程资源现代化发展的必然趋势和有效途径。民俗体育通过学校教育进行传承和传播,能够补充国家规定的课程和学校课程的不足,丰富和充实学校的民俗体育课程资源,有利于"增强课程对地方、学校及学生的适应性",是对学生进行传统教育的具体方式之一。

我国各级各类学校应该及时抓住教育改革与发展、课程改革与发展的机遇,把握"国家、地方、学校三级课程管理"的机会,大力开发包括民俗体育资源在内的地方特色课程资源,丰富通识课程教学资源。开发、实施民俗体育课程资源,把民俗体育课程资源融入学校的体育教学,能够增加体育教学的娱乐性、趣味性、健身功能,让学生走近民俗体育。学生在了解、学习、掌握一定的民俗体育内容的过程中能够切身感受到本地域的民俗、民风、民情,利于学生形成正确的传统文化意识,认识到我国地域文化、传统文化发展存在的困境和面临的机遇,从而以身作则,自觉对传统文化进行传承、保护。同时,在外界环境发生变化时,努力创造机会、把握机遇,在文化发展的交流和冲突中,积极维护我国优秀传统文化发展的良好环境。总之,将民俗体育纳入地方课程资源,在学校教育中进行普及并形成规模,能有效推进学生的素质教育和推动体育课改的顺利进行,实现"国家、地方、学校三级课程"协同发展局面。

2. 开拓民俗多元文化教育的渠道

多元文化是指在人类社会越来越复杂、信息流通越来越发达的情况下,文化的更新转型也日益加快,各种文化的发展均面临着不同的机遇和挑战,新的文化也将层出不穷。我们在现代复杂的社会结构下,必然需求各种不同类型的文化服务于社会的发展。这些文化服务于社会的发展,造就了文化的多元化,也就是复杂社会背景下的多元文化。

中国自古是一个多部落、多民族的国家,尤以汉民族为主,形成以汉文化为主流文化、其他少数民族文化为"亚文化"的多元文化共存的局面。现在,西方文化又以主流文化的姿态影响着各国文化的发展,在文化全球化的背景下,中国多元文化的发展将面临更多的竞争与挑战。因此,保护与发展我国民族文化的多样性,是我国教育发展的重要课题。在全球一体化和文化多元化的冲突与和谐的关系面前,"国家一体化"与"民族文化多元化"的冲突与和谐的关系问题,是我国和其他多民族国家发展过程中面临的共同挑战。

我国的民俗体育文化是各个历史时代下特定的产物,是农耕时代的主流文化之一,与农耕社会生产、生活变迁相一致,也与政治、经济、教育、宗教、家庭、婚姻等关系紧密相关。今天,受全球一体化、美国等西方国家主流文化的影响,我国的民俗传统文化呈现衰落或消亡之势,越来越多的专家、学者意识到拯救、保护和发扬我国传统文化,传承和弘扬我国民间丰富多彩的民俗体育文化的重要性,他们针对我国传统文化的现状提出了一些挽救措施。

笔者作为一位多年从事教育事业的教育者,极力提倡在各级学校推广和传播民俗体育文化,这是传承和发扬我国民族文化、民俗文化的重要渠道,也是保护和发展我国多元文化的重要渠道。全国各地的学校是年轻一代成长的摇篮,是进行文化传授和推动文化发展与传播的中坚力量,也是促进文化繁荣与昌盛的重要阵地。学生在学校接受教育的时期,是现代文化、民族文化、民俗文化等多元文化在学生的成长中形成文化观念、价值观念、生活观念的关键时期,有利于学生塑造传统的朴素的品性。学校的文化教育是青少年学生成长成才的内在需要。把民俗体育文化纳入学校文化教育内容体系,可拓宽学生的文化视野,帮助学生了解年画、皮影、剪纸等经典民间民俗文化艺术以及宗教、祭祀、信仰等与民众的生产、生活、风尚习俗有关的多种民俗事象。

3.民俗体育课程资源开发能推动民俗体育的健康发展

2010年7月29日,《国家中长期教育改革和发展规划纲要(2010—2020年)》正式发布。新课程标准明确指出,积极利用和开发课程资源是顺利实施课程的重要组成部分,因地制宜地开发利用各种课程资源,可以发挥课程资源应有的教育优势,体现课程的弹性和地方特点。在此标准的指导下,我国各地的大、中、小学校立即行动起来,积极开发具有地域特色、地方特色的课程资源。

民俗体育因其具有地方特色、民间民俗性、丰富多样性成为课程资源开发的重点之一。要将民俗体育课程资源进行开发并将其引入学校的体育教育之中,首先,要对当地的民俗体育项目进行挖掘、整理、认识、了解资源的全貌;其次,要根据学校具体的人力、物力、财力等情况,对民俗体育项目进行选择、编写,便于课程资源的顺利实施;再次,针对实践中遇到的情况,进行思考、调研,重新调整实施方案,达到资源利用的最优化。

把民俗体育纳入学校体育教育中,通过体育课堂教学、课外体育活动、特色项目社团活动、学校体育竞赛、校园体育文化节等多种途径,把民俗体育课程传授给学生,能改变学生对民俗体育的陌生状态。对民俗体育项目的传承与发展来说,这无疑也是一股无形的推动力量。在我国广大农村地区,师资力量、基础设施等条件相对都比较差,因地制宜开发具有地方特色的民俗体育项目是农村地区学校体育校本课程建设的重要策略,是农村地区体育教育可持续发展的有效途径,对改善农村地区的体育教学效果、提高农村体育的教学质量有重要作用。

民俗体育课程资源的开发在客观上与当代社会发展、教育发展相适应,与现代文明发展相协调,既保持着浓郁的民族特色,又体现着新时代的气质。在学校开展民俗体育教学,不仅让学生提高了身体素质,也弘扬了我国的民俗文化。一批批年轻人在接受民族文化的熏陶的同时,树立起民族自信心和自豪感,这对增强民族凝聚力起到了特殊的推动作用。民俗体育可以走入学校,当然也可以走入家庭。民俗体育通过家庭体育方式,实现了民俗体育"从群众中来到群众中去"、服务群众健身娱乐的目的,使各项民俗体育项目再次进入人们的日常生活中,繁荣和发展我国的民俗体育事业。因此,从宏观角度看,民俗体育课程资源的开发架起了社会体育、学校体育、家庭体育的协同发展的桥梁,壮大了民俗体育传承、发展的规模,推动民俗体育的健康发展。

4. 民俗体育引进课堂有利于体育课程目标的达成

体育课程目标体系包括运动参与、运动技能、身体健康、心理健康和社会适应五个目标领域,其总体目标是增强体质、增进健康、提高体育素养,在培养学生运动兴趣和健康理念的基础上,提高学生的实践运动能力,强调通过情绪体验发展个性。体育课程目标是通过体育课堂教学的实践行为而实现的,把民俗体育项目引入课堂教学,能够加快体育课程目标的实现:第一,民俗体育内容丰富、多样,活动形式灵活多变,趣味性、娱乐性较强,很多项目虽然难度不大,但运动强度不小,能吸引学生积极参与其中,实现体育课程之学生的运动参与的目标;第二,每一项民俗体育项目都有基本的知识和理论体系,学生通过学习,了解其文化内涵,对于构建学生的知识体系和拓展知识面很有帮助,也是学习、掌握运动技能的前提条件,在知识、技能的传授中实现学生的知识类目标、技能类目标;第三,民俗体育具有较高的美育功能,其审美价值主要体现在内容美、形式美、氛围美、和谐美等方面。人们在参加或观赏民俗体育活动时,不仅能获得视觉美的享受,还能获得动作力度美、幅度美、造型美等美的体验。民俗体育活动这些富有情趣的声、形、色、象诸要素结合起来就构成了其独特的审美价值。学生经过长时间的练习,既能塑造美的气质,又能在优美的舞姿、乐曲声中获得运动的快感和良好的审美体验,从而实现体育教育的审美目标。

体育教育的最终目的是培养学生养成坚持锻炼的习惯，仅仅依靠课堂教学时间，学生的终身体育观念是难以形成的，所以必须利用课余时间加强技术、技能的学习与运用。民俗体育有些项目能培养学生勇猛、果敢、坚毅的素质与品质，如踩高跷，能锻炼学生强健的体魄；有些项目如花鼓舞、采茶舞能带给学生欢快、愉悦的运动体验，改善学生的心理状态，使他们克服心理障碍，养成积极乐观的生活态度，享受运动的乐趣。还有一些团体性民俗体育项目如舞龙，需要团队成员之间默契合作才能完成表演，这对培养学生良好的体育道德品质和合作精神，促进的学生个性发展，规范学生的社会行为都有重要作用。这些运动不仅能使学生养成良好的行为习惯、形成健康的生活方式，还能提高学生的综合能力和社会适应能力，从而实现学校体育课程的目标体系。

5. 民俗体育资源开发是新时期民俗体育创新发展的内在需要

当代社会的快速发展、社会结构的变化、社会流动性增强等特征改变了传统农业社会人们以血缘关系、地缘关系而结合在一起的社会关系。原生态的自然资源在不断萎缩，导致很多民俗体育项目生存空间越来越小，对广大民众的日常生活的影响日渐减弱。很多项目出现边缘化发展态势甚至面临灭绝的危机。如何加强对民俗体育及其文化的保护，让民俗体育及其文化得到有效传承与创新发展，永葆我国民俗体育及其文化的活力，是我国民俗体育在现代化、全球化背景下亟待解决的难题。民俗体育课程资源的开发是调集各地区、各所学校的人力资源，对本地区的民俗体育项目进行挖掘、整理并引入学校教育之中，让民俗体育走上科学化、规范化、普及化之路，让学生通过正规的教育形式接触、参与民俗体育的学习与锻炼，达到民俗体育逐渐与现代体育并行发展的目的。舞龙项目本是民间广泛开展的民俗项目，现在已经被广泛引进大中专院校的体育课教学中，与篮球、排球、足球等现代体育项目一样在学校开展起来。学校培养了大批民俗体育的传承人，民俗体育再次呈现出强劲的发展态势。现今,舞龙运动经过完善与规范化发展,已进入世界竞技体育赛场,成为世界性的比赛项目,引起全世界的关注,民俗体育已迈出国门走向国际化发展的成功之路。可见,民俗体育走进学校,是民俗体育创新发展的路径之一。

目前,我国的民族音乐、民族舞蹈、中国画、中草药已经成功走出国门、走在世界的前列,我国在世界艺术、药业领域的地位越来越重要。我国劳动人民在劳动、生活中创造的民俗体育是我国物质文化、精神文化财富的凝练,也应该走出国门,走向世界,向全世界展示我国的文化特色与底蕴,显示我国民族文化的自强与自信。

民俗体育课程资源的开发意味着通过学校教育等正规化教育途径,不仅可以培养优秀的民俗体育后备人才,还可以遴选出热爱我国民俗体育事业的杰出人才。这对繁荣、发展民俗体育事业,推动民俗体育事业走向世界前列,对民俗体育与各项体育项目的和谐发展都极为有利。因此,民俗体育课程资源的开发对传承和弘扬中华民族的优秀文化具有深远的意义,更是新时期民俗体育创新发展的内在需要。

四、民俗体育课程在部分省份开展的现状调查

教育部颁布的《体育与健康课程标准》明确指出,积极利用和开发课程资源是顺利实施课程的重要组成部分,因地制宜地开发利用各种课程资源,可以发挥课程资源应有的教育优势,体现课程的弹性和地方特点。各地方最丰富、最具特色、可供开发的体育资源就是各地的民俗体育资源,因此,在新一轮的课程改革中,民俗体育课程资源被列为重点资源而得以开发、利用。

关于民俗体育课程资源的开发状况,很多教育者、研究人员从实践运用中进行了实证调查。据韩永红对安徽省民俗体育开展情况的调查:目前安徽省内的学校中开展的民俗体育项目主要集中在武术、舞龙、舞狮、中国式摔跤、毽球、滚铁环、民族舞蹈、秧歌、空竹等项目。对安徽省中学生参加民俗体育项目的基本情况的调查分析得出以下结果:82%以上的学生会荡秋千、跳绳、拔河、扔沙包项目;65%以上的同学会放风筝、踢毽子、跳皮筋项目。此外,韩永红对安徽省中学生参与民俗体育的频率情况也进行了调查:在跳绳项目上,33%的学生能经常参加,59.5%的学生偶尔参加;在踢毽子项目上,31.6%的学生能经常参加,53.6%的学生偶尔参加。从以上数据可以看出,当前安徽省中学生参加频率比较高的民俗体育项目是跳绳、踢毽子、扔沙包、荡秋千、拔河等项目。

李红梅对福建省中学生参加民俗体育活动的情况进行调查后得出:福建省大多数中学生比较喜欢民俗体育,但并不经常甚至几乎没有参加过民俗体育活动。大部分学生只是偶尔利用课外体育活动时间和节假日参加一些民俗体育活动,他们很少能在正规的体育课上参加民俗体育活动。学生对民俗体育的认识还处于一种原始的初级阶段。在学生心目中民俗体育不外乎是一些非正式的游戏而已,不能与现代体育中的篮球、排球、足球等项目相提并论。大多数学生参与民俗体育活动时只是自己玩。学校在民俗体育场方面投入的经费也屈指可数,很多学校根本就没有民俗体育场地设施。对福建省民俗体育项目的调查表明,福建省的中学普遍开展的民俗体育项目是踢毽子、拔河、象棋、围棋、跳绳、跳橡皮筋、跳竹竿、老鹰抓小鸡、捉迷藏、民族舞蹈等。有一部分学校开展了放风筝、荡秋千、腰鼓、游泳、扔沙包、键球、扇子舞、秧歌、登高、踏青等项目。少数学校开展了扯铃、溜旱冰、打陀螺、跳房、跳鼓阵、丢花包等民俗体育项目。绝大多数学校开展有踢毽子、拔河、跳绳、游泳、象棋等民俗体育项目。[①]

在高校,民俗体育课程资源的开发同样得到了高度重视。2002年,

[①]李红梅.福建省中学民俗体育课程资源现状与开发研究[D].福州:福建师范大学,2006:26-32.

《全国普通高等学校体育课程教学指导纲要》中明确指出，体育课程教材应体现健身性、文化性、选择性、实效性、科学性、可接受性，同时还要体现时代性、发展性、民族性和中国特色，因时、因地制宜地开发和利用各种课程资源是课程建设的重要途径。

为丰富高校体育的教学内容，增强高校体育的趣味性、体现高校体育内容的民族性和地方特色，各高校纷纷开展体育课程资源开发工程，民俗体育课程资源顺其自然地进入课程改革行列。李竹丽于2008年从人力资源、项目资源、设施资源和信息资源四个方面对陕西省普通高校民俗体育课程资源的开发现状进行了调查研究，结果表明：37所普通本科高校中只有4所开设了民俗体育课程，所占比例为10.8%，其中，大多数民俗体育只存在于体育课准备活动或课余活动中，对民俗体育课程资源的开发还非常薄弱。陕西省普通高校体育教师对民俗体育健身价值的认识是：25.8%的体育教师认为"非常有价值"，66.1%的体育教师认为"有价值"，即高校体育教师对民俗体育的健身价值给予高度的肯定。对于教师的教学能力，有41.9%的体育教师认为自己能胜任民俗体育课教学。陕西省37所普通（本科）高校中以体育课程的形式开设的民俗体育项目有舞龙、舞狮、腰鼓、秧歌4个项目，开设了这些项目的学校有4所；在课外体育活动中开展的项目有跳绳、踢毽子、拔河、跳橡皮筋、扇子舞、围棋、象棋、花样跳绳、钓鱼、徒步走、登高等民俗体育项目；开展的民俗体育竞赛活动内容有舞龙、舞狮、花样跳绳、拔河等项目；学校社团组织有舞龙俱乐部和安塞腰鼓俱乐部。从总体上来看，陕西省普通高校对民俗体育活动的开展还是非常薄弱的。陕西省普通高校场地紧缺，民俗体育教学、民俗体育活动、民俗体育竞赛等活动的开展都比较充分地利用了现有的场地设施条件。普通高校民俗体育信息资源存在的形式比较单调，体育教师利用信息资源的途径简单,且存在大量资源浪费的现象。① 还有很多研究人员对民俗体育资源在各地的开发、开展情况进行了调研、研究。

五、民俗体育课程资源开发的原则

原则是行事所依据的准则。对于学校教育的课程来说,在教育目标已经确定的情况下,课程资源开发的目的就必须符合课程教育目标,民俗体育课程资源的开发也要在既定的目标准则下进行规范开发。民俗体育课程资源的开发应遵循教育性原则、因地制宜原则、兴趣性原则、实践性原则、共享性原则这五个原则。

1. 教育性原则

民俗体育课程资源的开发是在我国教育改革的大背景下践行改革的实际行动,符合国家教育政策,以丰富、多样的地方课程资源培养全面发展的人才为导向。因此,培养人才的课程资源首先要符合教育性原则,才能确保学生树立正确的世界观、人生观、价值观、道德观。民俗体育课程的教育性体现在以"健康第一"为指导思想,以身体素质教育为基本途径,在传授给学生体育知识、技能的基础上,要让学生体验到地方民风民俗的淳朴与亲切感,使学生在民俗体育活动中享受生活的乐趣。通过民俗体育项目教学,培养学生的爱国爱家情怀,让学生热爱我国的传统文化,弘扬我国的传统文化。

2. 因地制宜原则

民俗体育的地域性、民俗性、民族性是其固有的特色,"十里不同风,百里不同俗"是我国民风民俗多样性的真实写照。我国民族众多,地域辽阔,地形复杂,气候多样,因而形成了各具特色的民俗体育项目,其活动

---

① 李竹丽. 陕西省普通高校民俗体育课程资源开发现状与对策研究[D]. 厦门:厦门大学. 2008.

内容和形式也存在很大差异,如水上项目与骑射项目就是我国南北方存在明显差异的活动形式。在特殊的气候环境、地理环境下开发民俗体育项目,因地制宜原则是必须要首先遵从的原则,才能实现开发的项目具有可行性、实用性,才具有推广价值。所以我国民俗体育资源的开发和利用不应千篇一律,而应依据客观现实,从实际出发,发挥地域优势,利用地域优势资源,才能发挥课程资源的实效性,才能达到培养人才、开拓课程资源的目的。

3. 兴趣性原则

兴趣是最好的老师,运动兴趣是激发学生运动热情、保持运动行为的内在动力,也是影响学生自主学习和坚持体育锻炼的重要因素。民俗体育本身娱乐性较强,有很好的群众基础。应该注意的是,要把民俗体育引入正规化的课堂教学,其娱乐性应以高雅的娱乐为主,因此,对那些源于祭祀、娱神的项目,要进行甄别、取舍,选择内容健康、生活气息浓厚的民俗体育项目进行教学,让学生感受民间活动浓厚情感的同时,集中精力去获得知识和技能,发展个人兴趣,再通过集体性合作,发展社会兴趣。兴趣是一种无形的动力,民俗体育课程资源要想获得可持续开发就必须坚持兴趣性原则。

4. 实践性原则

实践性是马克思主义哲学最重要的特点和理论品质,在整个马克思主义哲学体系中,实践是贯穿始终的一条中心主线。在具体的教育教学中,实践教学是实现能力教育的一个重要支撑点,实践为学生提供了认知对象。学生通过民俗体育实践教学环节,认识到民俗体育的内容、形式、内涵、意义;认识到民俗体育对我国社会的生产、生活发展的促进作用;认识到民俗体育在人与人、人与自然、人与社会和谐发展的实质和关键作用。因此,在民俗体育课程的开发过程中坚持实践性原则,能培养学生认识客观世界的能力,具有认识论意义和世界观意义。

5. 共享性原则

"共享"是当今社会的流行语,是经济领域中的核心理念,"共享"强调物品的使用权而非所有权。在教育领域,学生通过网络在线上线下分享知识,网络已是获取知识的常规渠道。在民俗体育课程资源开发领域,需要开发的内容很多,工作量大且细节烦琐,单凭个人、个别学校的努力很难达到理想效果,"共享"方式的运用显示出资源开发者的集体智慧与威力。各地方的特色资源的开发只是其中一项或少部分,但成功开发的资源只要通过网络平台、区域间交流、校际交流等形式,相互学习,取长补短,就形成了丰富的教学资源。然后再由一些民俗体育教育者、爱好者整理成册,民俗体育教科书就成形了。通过共享,师资不足而开展民俗体育难的困境得到了解决,民俗体育课程资源开发的重复性、盲目性以及由此带来的不必要的浪费也减少了。因此,民俗体育课程资源的开发坚持共享性原则,对民俗体育课程的建设、教学、科研等各方面都有较大的促进作用,对学生学习效率的提高和社会的发展等方面也有较大的带动作用。

六、民俗体育课程资源开发的策略

1. 按事物发展规律逐步把民俗体育纳入学校的体育教育中

目前,在我国教育改革的大背景下,民俗体育因其自身的优越性已被引入学校的体育教育之中,但想普及开展依然存在很多现实困难,在人力、物力、财力等方面均不尽如人意。事物的发展有一个过程,一切事物都只有经过一定的过程才能实现自身的稳定发展。从事物发展的三阶段规律(初级阶段、发展阶段、发展高级阶段)来看,我国目前的民俗体育进入课堂教学内容体系仍属于教育改革的初级阶段,是各种民俗体育课程要素从整合到形成相对稳定的发展状态的时期,不稳定、不确定的因素依然有很多,需要教育者坚定改革的信念不动摇,继续开发课程资源,在实践中不断运用、修改和完善。

民俗体育已进入学校教育并步入常态化发展,这是体育课程建设、发展的必然趋势,只是仍然需要政府、学校、民间组织多方投入资金,继续完善教学条件,培养民俗体育教育人才,坚决执行相关措施,只有这样,民俗体育课程各要素才能达到协同开展的良好状态,民俗体育课堂教学才能逐渐稳定下来。要想实现这一目标,教育者要坚持改革的决心不动摇,不畏困难,继续发挥"摸着石头过河"的决心和勇气,将课程改革推向深入。民俗体育纳入学校教育的发展高级阶段(发达阶段),是各要素高度协同、稳健、快速的发展时期,是教育改革、体育课程资源开发的终极目标。面对这一美好愿望,教育改革的任务重、困难多,我们要有必胜的信念,坚持把民俗体育纳入学校体育教育之中的改革行动不动摇。借鉴国外成功的以学校为媒介完成民族传统传承的经验,如日本的柔道、韩国的跆拳道、英国的足球和橄榄球,使我国民俗体育通过学校教育形式实现民俗体育由原始体育形态走向规范化、科学化、普及化的现代教育形态。我国的民俗体育课程资源开发、利用、发展是一个渐进的过程,因此,我们要坚定信念,将课程改革坚持到底。

2. 民俗体育教学内容的选择要符合活动主体人的身心发展规律

学校是传播体育文化的摇篮,接受体育教育是每个学生的权利和义务。在学生成长的不同阶段,体育教育的目标也不同。学生参与体育活动的目的是获得身心健康,所以选择教学内容时首先要考虑教学对象的实际状况,如年龄、身体发育水平、身体素质、身体素质的邻近发展区,以便教学内容在实施过程中能与学生的身体、精神、心理、体能、技能、意志等方面的发展相吻合,满足学生在体育活动中提高运动能力等素质的愿望。

因此,在中小学阶段,教学内容的选择必须充分考虑中小学生的身心素质、生理机能的差异性,教学内容要符合中小学生的身心发育特点。从生理学角度看,小学生身高、体重、力量、耐力、爆发力等身体素质指标都普遍不如中学生,因此,运动量大、运动强度高的项目就不适合在小学生中开展,如舞龙、舞狮等传统项目。小学生应选择简单易学、娱乐性较强的低难度的民俗体育项目,如丢沙包、跳方格、打陀螺、滚铁环、荡秋千、放风筝、跳绳。对中学生来说,大多数民俗体育项目都可以开展,但存在安全隐患的和信仰类的民俗体育活动最好不引入,以免影响学生正确的宗教观的形成。从心理学角度看,小学生较之中学生更好动更好学,也更善于模仿,所以在小学阶段民俗体育教学内容应选择游戏类的项目;中学生身心发育水平已接近成年人,更倾向于竞技性强、新兴的体育运动项目,可以因地制宜地选择滑冰、滑雪、水上运动、爬山、越野等项目,满足学生的好奇心、探险欲,激发他们的运动热情,加强运动的体验感。因此,民俗体育教学内容的选择应注意科学性。

3. 多元化、多途径解决民俗体育师资供求矛盾

教育部在1998年7月颁布的本科教育计划大纲中规定,民族传统体育专业是新设立的本科教育专业,为体育学的二级学科,并设有三个教育方向:武术、传统养生体育、民间民俗体育。其培养目标是"培养德智体全面发展的,具备民族传统体育教学、训练、科研、健康指导基本知识与技能的,能从事武术、传统养生体育以及民间民俗体育工作的专门人才"。

在国家政策的指导下,一些院校开设了民族传统体育专业,据《京华时报》2004年4月30日报道:国内首个舞龙、舞狮专业人员培训基地正

式落户北京体育大学,今后,作为中国传统民俗体育运动的舞龙、舞狮将成为该校武术学生的必修课,学校将为龙狮运动培养专门的裁判员和教练员。个别省份的师范学院也开设了民族传统体育专业。要想民俗体育全面进入学校教育体系,光有体育院系培养的人才是远远不够的,而且本科院校培养的民族传统体育专业人才直接到农村地区从事教育事业的寥寥无几,而广大农村地区的学校又急需这类人才。

教师是最有价值的课程资源,一定程度上决定着课程资源的开发程度。民俗体育师资的供求矛盾是普遍存在的,也是民俗体育教育发展中突出的制约因素。因此,我们有必要建立现有体育教师的再教育培训机制,不仅要从数量上扩大教师队伍,而且要在质量上提升教师的能力,使他们在教育实践中具有民俗体育的知识和技能。培训机制要灵活,方式要多元化,可以采用"请进来""送出去""内部交流""区域间交流"等多种方式,例如,采用进修、短期培训班、学术会议、集体研讨、备课、说课、观摩会、专家报告和讲座等多种形式进行,使培养的教师在民俗体育的教学上游刃有余,使民俗体育教育走上常规化、可持续发展的道路。

4. 编写民俗体育教材以便推广民俗体育教育成果

教材又称课本,是依据课程标准编制的、系统反映学科内容的教学用书,是教学内容的重要载体,是学生学习知识的基本依据。民俗体育现在处于引入课堂教学的初始阶段,各学校因地制宜地选择部分适宜的项目,根据自身条件设计可行的大纲进行教学。有的项目可被不同的学校采纳为教学内容,如安塞腰鼓,已被陕西科技大学、长安大学开发为教学项目,这两所大学按照自己的设计编写了各自的教学大纲。这种"各自为政"的现象一定程度上确实能体现民俗体育课程资源开发的灵活性,但也表现出重复研究、人力资源浪费、信息不流通的弊端,不符合信息时代知识快速传播的特性。因此,已开发成功的民俗体育项目资源应该编写成教材,把教材快速推广到各所学校,实现正规化教学;对于正在开发的民俗体育项目,这是教材编写的重点部分,工作量大,任务艰巨,开展的难度也相当大。教育部门应重视此事,组织各校体育部门商讨、研究相关事宜,分解、落实教材撰写任务,再由学校组织一批体育教师、传统体育专家进行田间调研、拜访民间艺人、收集素材等工作,然后进行适当改编,要妥善处理思想性与科学性、知识和技能的广度与深度、原始特色与现代竞技元素和谐融合的关系,才能编写出具有民俗特色、地域特色、现代韵味的民俗体育教材。民俗体育教材编写成功不仅能够促进教育改革的深入开展,壮大民俗体育教学的实力,而且各级各类学校也可"普惠式"共享教材带给教学的公平机遇,解决师资力量落后学校的教学困境。因此,民俗体育教材的编写势在必行,此举不仅能稳固民俗体育在学校教育中的地位,而且也有利于培养具有家国情怀的新时代人才。

第三节　民俗体育与全民健身

谈及全民健身,大家一定倍感亲切,因为无论是街头巷尾还是公园、广场,到处都可见到不同年龄的人在健身。健身已成为城乡居民特别是城市中老年人生活内容的一部分,是他们享受晚年岁月的健康生活方式。全民健身在我国普及的过程中,受到国家多位领导人的高度重视且他们都为此做出了努力:毛泽东提出了"发展体育运动,增强人民体质"的全民体育思想;邓小平认为,培养体育人才应从小抓起,应重视群众体育和竞技体育的协调发展;江泽民认为"全民健身,利国利民,功在当代,利在千秋";等等。《中共中央、国务院关于推进社会主义新农村建设的若干意见》和《中华人民共和国国民经济和社会发展第十一个五年规划纲要》明确提出,要"推动实施农民体育健身工程"。为落实好这项任务,国家发改委与国家体育总局确定河南、江西、湖北、广西、重庆、陕西、山东、浙江8个省(区)作为农民健身工程试点地区,并将2006年定为农民体育健身工程实施的试点年。这些是将全民健身行动落到实处,是真正推动群众体育工作发展的创新之举。2009年9月6日,国务院第560号令《全民健身条例》正式颁布,并从当年的10月1日起实施。它是我国第一部关于全民健身的工作条例,标志着我国群众体育工作迈进法制化道路。现在,每年8月8日为"全民健身日",让健身人群感到健身活动与传统节日同样重要,人的全面发展与社会的和谐发展也同样重要。人只有全面、健康发展,才能实现美好生活愿景,实现安康长寿的目的。

在广大民众广泛开展全民健身活动的过程中,民俗体育向来以融入民众生活,作为民众日常生活的一部分,满足人们的多种需求而获得广大民众的青睐。民俗体育具有地方习俗性、集体性、娱乐性、健身性、多样性等特征,符合该地区多数人的信仰、风尚习俗、观念、情趣、运动习惯和生活方式,常常被人们作为日常健身活动项目。风土味浓厚的民俗运动项目能唤起人们内心的家乡情结,家乡意识向来在人们的心里根深蒂固。在健身设施尚不完善的地区,民俗体育项目以秧歌、舞蹈、腰鼓、广场舞等多种形式成为人们健身、休闲、娱乐、改善自我的方式,这些项目也成为人们"以人为本"发展健身运动的载体,是实现全民"强身健体"目标的路径之一。

在重大节日、纪念日和庆典活动中,人们穿着盛装敲锣打鼓,表演者在当地具有代表性的各种民俗传统项目,如舞龙、舞狮、划龙舟、踩高跷、耍花灯、祭拜祖庙,这些民俗传统项目把具有不同人生观、价值观、审美观、意识形态、心理状态和兴趣爱好的人聚集起来,向他们展示充满活力的精彩表演,让人们享受生活、享受快乐、享受情感、分享喜悦,传达给人们"生命健康"的重要意义。

  民俗体育一直以体育活动为形式和内容,为民间大众服务,其服务宗旨与全民健身的服务宗旨完全一致:以人的健康为出发点和归宿,其目的是提高人们的身心健康、生活质量,满足人们对美好生活的愿望。因此,在推进我国全民健身运动的过程中,要充分挖掘、整理民间喜闻乐见的生产生活气息浓厚的民俗体育项目,带动更多的人把健身活动引入生活中并形成锻炼习惯,让人们在休闲、快乐的民俗活动中分享身边那些民风民情、家长里短的趣事;在健身心得的交流中,拉近感情,呼朋引伴结成锻炼小团体,逐渐养成健康、文明、快乐的生活方式,达到"增强体质,增进健康,提高生活质量"的目的,进而落实全民健身战略,实现"健康中国"的宏伟目标。

第四节 新农村发展中民俗体育资源开发

一、新农村发展中民俗体育资源开发现状

  改革开放后,从1982年到1986年的连续5个中央一号文件成功地指导了划时代的中国广大农村的改革工作。在强农、惠农、富农政策的强烈倡导下,农村在经济收入、居住条件、道路交通、文娱生活等方面都发生了翻天覆地的变化。由于国家对"三农"问题的高度关注,农民的经济收入、身心健康、农村体育事业的发展随即引起学界更多的关注。几千年来一直深深植根于农村的民俗体育是世世代代的农民赖以生存和发展的精神文化基础,是长期在实践中形成并积淀下来的地方性、乡土性的生活与运动文化,自然成为新农村体育事业建设的组成部分,成为农民健身、休

闲娱乐的组成部分。

新时代农民的健康水平如何提高？民俗体育资源在新的健身活动中、经济建设中是否发挥了应有的作用？这些问题的答案取决于民俗体育资源的开发程度。一些学者分别从影响、制约民俗体育发展的各种主客观因素入手，如国家相关政策，民俗体育在当代的价值，农村群众对民俗体育的认识、态度，民俗体育的传承状况，分析现在民俗体育发展面临的机遇和挑战，再通过田野调查、实证研究、定性与定量相结合等研究方法，在理论研究、现状研究的基础上，提出相关发展策略或民俗体育的开发模式。

由于我国新农村地域范围非常广，较难进行细致入微的观察和深入研究，因此，只能对当代新农村的民俗体育资源的保存状况、开发状况进行较客观的描述，如现存资源依然丰富，但只有少数地域特征较明显的项目得到创新、开发，发展势头良好，且经济效益明显，健身特色也浓厚。多数项目呈边缘化发展态势，部分项目濒临或已经消失，存在民俗体育资源的资金、人力、物力等各方面都相对比较匮乏，管理机构不健全，职责不明确等现实状况。多样的生产民俗、岁时民俗、精神民俗如何有效地渗透到新农村的日常生活中，再次激发农村居民对乡土气息浓郁的民俗体育的依恋之情、对本地域民俗体育项目的喜爱之情，这是民俗体育资源开发与利用的艰巨任务。

二、新农村发展中民俗体育资源开发的必要性

开展新农村建设是我国政府统筹城乡发展、发展农村经济、缩小城乡差别、构建和谐社会的必然选择。"三农"（农业、农村、农民）问题是我国这个农业大国生存与发展的根本，是新农村建设发展中最关键的基础要素。"三农"问题的妥善解决对农村的长远发展具有现实的决定意义，党和政府一贯高度重视。农村人口占我国总人口的56%，因此，构建和谐农村对构建社会主义和谐社会具有重要的战略作用。在新农村的建设中,农村居民的素质的全面提高是实现现代化目标之信心和决心的表现。

民俗体育因其源于人们日常的生产、生活,与人们的生活息息相关。所以,开发民俗体育资源对提高农村居民的全面素质,对新农村的系统化发展和长远发展都有明显的优势。

1. 新农村民俗体育文化建设是我国和谐文化建设的组成部分

世界的和谐、社会的和谐是爱好和平人们的追求。用和谐文化培养人,是实现共建共享和谐世界、和谐社会的关键。和谐文化是以和谐的内涵为理论基础的文化体系,它融思想观念、理想信仰、社会风尚、行为规范、价值取向为一体,关注人与自我、人与人、人与社会、人与自然之间的和谐相处,包含着对和谐社会的总体认识和评价,是当今世界最先进的思想文化,是创建和谐社会与创建和谐世界的前提条件。胡锦涛同志说:"我们所要建设的社会主义和谐社会,应该是民主法治、公平正义、诚信友爱、充满活力、安定有序、人与自然和谐相处的社会。"从这里我们可以看出,我国的和谐社会是涵盖政治、经济、文化、生态等各个领域的全面和谐,"民主法治、公平正义、诚信友爱、充满活力、安定有序、人与自然和谐相处"是社会主义和谐社会的基本特征。因此,社会主义和谐文化建设对社会主义和谐社会的建设极为重要,一方面能有效提高整个社会价值取向的一致性、文化水准的高标准化、精神气质高雅性、生活方式的健康性,等等;另一方面也能在和谐观念的引导下建立一系列调整利益关系、化解社会矛盾的制度设计和机制规范。

民俗体育文化源于我国民间社会生活实际,是民间的生活文化,与当时的社会发展要求相适应;民俗体育文化是我国社会经济、文化、历史发展与演变、沉淀的结果,是我国传统文化精华的一部分,深深地烙印在我国民族的性格中。民俗体育文化体现了人们的原始信仰,如崇尚自然、崇拜图腾、遵从节气,体现了"人与自我、人与人、人与社会、人与自然之间的和谐相处"。民俗体育文化在其传承与发展的过程中,以其独特的原生态性、地域特色、风俗习惯、心理趋同等特点,规范着人们的理想信念、道德规范、行动准则;对群体共同体进行教育与自我教育;培养了群体的和谐意识、和谐精神、和谐行为;形成了共同的意识形态和社会规范;增强了群体的凝聚力和认同感,从而共同维护群体的和谐发展。

民俗体育文化作为各民族的精神动力和心理纽带,支撑着各民族薪火相传,是各民族赖以生存和发展的根基和血脉,对人类文明的进步做出了积极的巨大的贡献。因此,新农村的民俗体育文化建设是我国和谐文化建设的重要组成部分,是建设社会主义和谐文化的宝贵资源。今天,我们在建设社会主义和谐文化的过程中,要坚持"以人为本"的原则,需继承和弘扬我国民俗传统文化的和谐思想观念,发挥民俗体育文化内涵中"千姿百态,融合发展"的精神魅力,提高全社会的文明程度,提高社会主义先进文化的整体实力,永葆先进文化的活力。这样才能在和谐文化的引导下,创造出和谐的政治与和谐的经济;才能让和谐文化培养出来的人去自觉地创建和谐的社会主义新农村,去自觉地创建和谐的中国社会与和谐的世界。

2. 新农村民俗体育文化建设能加速社会主义精神文明建设进程

今天,我国的社会主义现代化建设是宪法规定的国家根本任务,其本质目标是实现民族的复兴、人民的富裕、国家的强盛。2017年10月18日,习近平同志在十九大报告中指出,这个新时代,是承前启后、继往开来、在新的历史条件下继续夺取中国特色社会主义伟大胜利的时代,是决胜全面建成小康社会、进而全面建设社会主义现代化强国的时代,是全国各族人民团结奋斗、不断创造美好生活、逐步实现全体人民共同富裕的时代,是全体中华儿女勠力同心、奋力实现中华民族伟大复兴中国梦的时代,是我国日益走近世界舞台中央、不断为人类做出更大贡献的时代。习近平指出,中国特色社会主义进入了新时代,这是我国发展新的历史方位。

社会主义现代化建设需要社会主义精神文明的保驾护航,社会主义精神文明以马克思列宁主义、毛泽东思想、邓小平理论、"三个代表"重要思想、科学发展观、新时代中国特色社会主义思想为指导,为物质文明的发展提供精神动力和智力支持。社会主义精神文明建设又包括思想道德建设和教育科学文化建设,思想建设要解决的是整个民族的精神支柱和精神动力问题;教育科学文化建设是要解决整个民族的科学文化素质问题。思想道德建设的基本内容可以归纳为理想建设、道德建设和纪律建设三个方面。其中,理想建设是思想道德建设的核心;道德建设是思想道德建设的主体内容;纪律建设是思想道德建设的保证。思想道德建设是精神文明建设的灵魂,决定着精神文明建设的性质和方向。社会主义精神文明建设的根本目标,是在全社会形成统一思想、共同理想、凝聚人心、坚定信念,弘扬民族精神和时代精神,从而产生强大的凝聚力和战斗力。

我国历史悠久、内涵丰富、在民间生活方式中流传的文化形态——民俗体育文化,在传承、发展的方向上,总是与时代的发展和社会的进步紧密地联系在一起的,在不同的社会中不断丰富、传承、更新、融合发展,符合当时社会人们对自然界、神灵、祖先的崇拜,寄托人们心灵深处的夙愿,表达生活中的各种诉求,满足精神生活需要,为人们提供强大的精神动力。民俗体育文化的原生态性和民间生活文化的基础性赋予民俗体育文化强盛的生命力,使其生生不息、流传至今。民俗体育文化蕴含着人类社会生产、生活的智慧,记载着人类社会各民族的民族发展、民族团结、民族精神的史志,具有极高的社会价值和文化价值。在内涵方面,民俗体育文化与社会主义精神文明内涵保持高度的一致,只是外延更倾向于广大农村地区。因此,加强新农村民俗体育文化建设,更能发挥勤劳勇敢的劳动人民的智慧和力量,加速社会主义精神文明建设。

3. 新农村民俗体育资源的开发能加速农村地区体育事业的发展

2006年,中央提出了建设社会主义新农村的号召,这是在新的历史背景中,在全新理念指导下的一次农村综合变革的新起点,这极大地促进了农村的发展和建设。为配合社会主义新农村建设,国家体育总局于2006年3月29日宣布将在全国启动"农民体育健身工程",并要求各级体育部门将实施"农民体育健身工程"作为今后相当长的一个时期内体育工作的一项重要任务。

发展新农村体育事业、繁荣新农村体育文化、提高新农村居民健康水平,关系着我国社会体育事业的发展、新农村体育的长远发展、新型农民身心素质的提高。为此,党和政府制定了多项方针政策,以加强对新农村体育的指导和扶持力度:如2006年7月,国家体育总局发布的《体育事业"十一五"规划》;2011年2月,国务院正式印发的《全民健身计划(2011—2015)》;2013年9月,国务院印发的《国务院关于促进健康服务业发展的若干意见》。

在国民经济持续稳步发展、产业结构和居民消费结构不断升级、城乡一体化建设效果越来越显著、城乡居民人均可支配收入持续增长的环境中,新农村体育事业发展的经济环境、政策环境、社会发展环境等外界环境变得越来越好。新农村的巨大发展和变化不仅使农村居民的经济收入明显增加、生活质量明显提高,而且使得人们的生活内容更丰富,人们对健身和健康内涵的理解更加深刻,对休闲生活也有了更高的追求。享受体育文化成为他们日常生活中内在需求的一部分。新农村体育在"以农民为本"思想的指导下,全面的科学的统筹的发展观得以普及发展。新农村体育广泛关注广大农村居民的身心健康,让农村居民在享有平等的体育权利的基础上,和城镇居民一样切实享有平等的体育服务,实现体育对人类的终极关怀,体现体育在新农村物质文明建设、精神文明建设中所发挥的重要作用。

民俗体育因其生活性、本土性优势,更亲近民间大众的日常生活。民俗体育本是民间的健身娱乐活动,是体育的一部分,也是人们在传统节日中广泛表演的项目,增添了节日欢乐祥和的气氛。现今,民俗体育部分项目虽然存在边缘化发展趋势,但在国家非遗政策的保护下,很多具有地域特色的民俗体育项目依然活跃在人们的经济活动、健身活动中,起到了加强人们的人际交往、情感交流,愉悦身心、陶冶情操,传播中华传统文化、弘扬民族文化,促进新农村经济发展,提高人们的身心健康等作用。

  民俗体育因民间百姓的实际需要而产生,"以人为本"本是其生存、发展理念,新农村建设要继续秉承民俗体育"以人为本"的生存、发展理念,鼓励村民开展形式多样、灵活自由的民俗体育活动,使村民形成良好、健康的生活方式,特别是要保障老年人的健身娱乐活动,让民俗体育成为村民实现个人健康的途径之一,进而构成新农村健康社会的基础,发挥体育在人的体力和智力方面的作用。这是人与社会、人与自然协调发展的结果。民俗体育因"民俗"的娱乐性和"体育"的健身性,必将推动民间百姓的健康事业的发展,加速新农村体育事业发展。

第五章　民俗体育文化

胡锦涛总书记在党的十七大报告中强调,"加强中华优秀文化传统教育,运用现代科技手段开发利用民族传统文化丰富资源","加强对各民族传统文化的挖掘和保护";习近平总书记在党的十九大报告中再次强调:要不忘本来、吸收外来、面向未来,推动中华优秀传统文化创造性转化、创新性发展,继承革命文化,发展社会主义先进文化,更好构筑中国精神、中国价值、中国力量,为人民提供精神指引。由此可以看出,对我国传统文化进行研究、传承、创造性转化,使之发扬光大,提高我国文化的软实力,是热爱我国传统文化的具体表现,是向世界展示我国传统文化魅力的重要举措。

我国当前的民俗体育文化研究缺乏自身的理论体系,也未有效地学习和吸取与之关系密切的其他学科中的理论。胡小明先生曾指出,"人类学是民族传统体育学的母学科",因此,当前我国民俗体育文化研究应更具"开放性",应借鉴和吸收各种人类学理论的精华,将民俗体育文化研究视为一个各种理论流派进行对话的学术场域。[①] 在民俗体育文化理论研究体系尚不完备的状况下,我们可以参考现代文化和文化现代化的三个判断标准:有利于生产力的解放和发展,又不破坏自然环境;有利于社会的公平和进步,又不妨碍经济发展;有利于人的解放和全面发展,又不损害社会和谐。将这三个判断标准作为研究民俗体育文化的三个维

[①] 涂传飞.对民俗体育文化意义的解释——来自克利福德·格尔茨的阐释人类学流派的启示[J].北京体育大学学报,2010,33(11):8-11.

度。因民俗体育文化在现今依然有其突出的特征、功能与价值,故依然有必要对其进行系统的研究,以期在民俗体育文化原生态生存环境已不复存在、面临市场经济产业化冲击的情况下,民俗体育文化能获得更好的传承与保护以及创新性发展,继续保持传统文化的特色与活力以及本质特征,进一步发挥民俗体育文化在当代中国的功能与价值。

第一节 民俗体育的文化特征

一、地域性与民族性

民俗体育文化,在运动形态上,依托体育之形式;在行为起因上,缘于民间风俗习惯;在行动规范上,源于人们的生产生活,因此,它与各地的风俗人情、生产方式、生活方式联系非常紧密。我国幅员辽阔、民族众多、气候多样、地形复杂、地理环境差异显著,使得我国不同地域的人们的生活习俗不同,民情风俗不同,生产方式不同,生活理念与追求也不同。各地区、各民族人民创造的民俗体育活动的形式也差异较大,而且每项民俗体育活动都有着深厚的群众基础。如蒙古族的生活离不开草原和马匹,形成了蒙古族"男儿三项游艺"的民俗体育活动,即摔跤、赛马、射箭,这与蒙古族的地域环境、放牧生活息息相关;又如藏族特有的赛牦牛、大漠的赛驼、北国的冰嬉、山地的竞走等民俗体育项目,均具有鲜明的地域性和民族性特征,反映了各民族、各地域的人们在长期的发展过程中、在相对固定的生活方式中,人们的心理状态、民族意识、民族归属感,使每个民族成员强烈地感受到自己属于"这个民族而不属于那个民族"的心理定式。可见,民俗体育文化的民族性主要表现在它的民族文化底蕴中和民族心理认同感上,而民族文化底蕴和民族心理认同感又源于民俗体育的地域性与民族性特征。

二、享受娱乐性

民俗体育文化的产生、发展、繁荣,与人们的精神需求、心理需求、情感体验等因素高度相关。人们在生产、生活中的各种思想物化品为民俗体育的产生、发展奠定了物质基础,这是文化创造的开始,是民俗体育文化内涵的精华部分,也是民俗体育文化产生的源泉和发展的动力。秧歌、腰鼓、采茶舞、踩高跷、射击、摔跤等都产生于人们的生产、生活中,满足了人民群众在创造物质财富过程中的精神需求,给予了人们精神享受,满足了人们的审美需要。广大民众在感受到身体运动的愉悦时,也体验到了民间民俗文化传递的和乐、和谐、礼让、团结、质朴等主题思想。

当人类在自然环境中开始文化创造活动时,即使是最粗糙的简单文化,也是从自然存在物的直接加工开始的,而文化成果又是建立在生产资料和生活资料的物质劳动的过程中,其技术、社会和价值方式都作为相当复杂的文化体系而存在。在社会的更迭、历史的发展中,人们在生产资料、生活资料的生产劳动中创造了内容丰富的民俗体育文化,民俗体育文化涵盖生产、生活、信仰、民风民俗、狩猎、骑射、渔业、商业、交通、服饰、饮食等方面,通过人类的代代传承,给人们提供娱乐享受。

三、民间规约性

民俗体育及其文化孕育、产生于人们的实践活动中,其演变受到民众的意识形态、行为方式的影响。民俗体育形成后,它不仅成了人们生活的一面镜子,照射出民众的精神文化、物质文化的生活状态,而且也是人们生活的重要组成部分,丰富了人们的生活内容。具体的民俗体育事象几乎都没有书面成文的活动规则,没有正式的裁判,国家力量也不干预,民俗体育活动之所以能自发地正常有序开展,就是因为人们共同遵从的文化习俗、乡规民约、农村宗族力量、民间组织在其中起着重要的调节作用。这使得民俗体育活动表演和比赛从活动的准备、场地的布置、选手的服装、道具、活动路径、经费筹集等各个环节被安排得井井有条,乡里乡亲和睦相处,且活动目的也符合当时的人们的期望。民间规约性在人们的意识形态、心理层面烙下了深深的印迹,民俗体育文化的影响力和凝聚力植根于人们的心灵,成为人们遵从约定俗成的活动规则的核心要素。宗族间、村民间的各种矛盾在民俗体育活动的仪式中得以化解,在中国传统的社会环境下,人们通过民俗体育活动,实现风调雨顺、安康幸福等共同的愿望与祈求。民俗体育及其文化成为凝聚人心、稳固关系、群族之间相互沟通的桥梁。

我国传统民俗体育依存于特定的历史和文化背景。在我国法律制度并不完善的多个历史阶段,法制法规并不能实现社会治理的方方面面。此时,民间开展的民俗体育活动即可作为社会治理的主要手段,通过人们共同认可的民间规约性,达到治理的目的。

四、传承与变异性

农耕文化是我国早期各个时代的主要文化特征,人们在生产劳作之中、收获之际,以歌舞、鼓乐、角力、射击、打斗等形式自娱自乐或者相互娱乐,创造了内容丰富、形式多样的民俗体育活动,使得人们的思想交流更加便利与频繁,使意识形态达到一致性。在一定的区域范围内,民俗体育文化主要以口头传授的形式进行传承。如南宋淳熙《新安志》中就有"山限壤隔,民不染他俗"的说法,意即在相对封闭的地理环境中,农村居民逐渐形成了自己独特的风俗和习惯。

随着历史的变迁和社会的繁荣与衰落,人类在地域间不断迁徙,人类的迁移带来了经济、文化和技术的交流与融合。总体来看,生产力在不断提高,人们的物质生活越来越丰富,民俗体育活动逐步融入民众的日常生活中,民俗体育文化也日益兴盛。图腾文化是我国的古老文化之一,各种图腾信仰寄托了人们对大自然的崇拜与敬意,如龙图腾、马图腾、蛇图腾。龙是我国最著名的图腾之一,具有图腾的基本特征,它是各民族共同崇奉的图腾神,大多数民族都曾把龙视为保护神;对马的崇拜多流传于北方游牧民族与游猎民族中,满族有供奉马神的习俗;蛇是古越人的重要图腾之一,他们认为家蛇会保护人,家有了家蛇,米囤里的米就会自行满出来而取不空。几千年来,民俗文化信仰在流传演变过程中不断丰富、发展,突破语言和宗教信仰等的障碍,形成了不同风格和不同娱乐形式的民俗体育文化。

五、民间礼仪性

民俗体育文化植根于我国农耕社会,与农耕文明息息相关,是劳动人民情感、信仰的载体,是劳动人民习俗、礼仪的传承载体。中国是一个崇尚礼节、注重礼节的国家,素有"礼仪之邦"的美誉。礼是一种美德,渗透于人们日常生活中的点点滴滴,具体涉及衣食住行、生死嫁娶等方方面面,且人自出生起,就在各种礼俗中成长,如出生时的"抓周礼"、成长至十八周岁的"成人礼",老年人的"寿礼"。在社会生活中,父子间要"上慈下孝",兄弟间要"兄友弟恭",夫妻间要"相敬如宾",朋友间要"谦恭礼让",邻居间要"守望相助"等。

礼仪随着人类的活动、宗教的兴盛而得以广泛传播。民俗界认为,礼仪包括生、冠、婚、丧4种人生礼仪,祭祀之事为吉礼,冠婚之事为喜礼,丧葬之事为凶礼。每种礼仪皆有其具体的礼节规范、行礼秩序、服饰佩戴规矩等。民俗体育活动中的礼仪通过举行具体的仪式,如获得丰收要欢歌盛舞庆贺,遭到灾祸时要祭祀祈拜,以祈求神灵保佑。这些仪式传递着人们对幸福生活的向往、对内心宁静的祈盼、对痛苦悲伤的安慰等信息。民俗体育的礼仪文明,是中国传统文化的重要组成部分,对中国社会的发展起着广泛而深远的影响;在民俗体育活动中,民俗体育文化要求民众的言行举止做到礼貌、恭敬,对广大民众进行道德的教化、爱的传播、友谊的传递,继承传统礼俗,制约着人与神、人与鬼、人与人三大关系,从而实现民间的和平稳定发展。

六、天人合一性

劳动人民创造和传承的民俗体育文化生动地再现了广大民众的精神诉求。民俗体育文化久经沧桑,凝聚着历代劳动人民的智慧和情感,以群众喜闻乐见的形式而传承下来,经久不衰;民俗体育文化依附于民间民俗事象,蕴含着人与自然、人与社会、人与人之间"和谐"相处的理念。

"天人合一"的概念最早是由庄子阐述的,后被汉代儒家思想家董仲舒发展为"天人合一"的哲学思想体系。"天人合一"的观点认为:宇宙自然是大天地,人则是一个小天地。人和自然在本质上是相通的,故一切人事均应顺应自然规律,达到人与自然的和谐。人们模仿自然界中的动物,创造了五禽戏、鹿戏、大雁功、蛇拳等健身方法。这些健身方法简便、易行,人们在自然环境中锻炼,呼吸自然界中的阴阳之气,调节人的生理状态和身体状况,达到强身健体的目的。"思维反映存在,物质与人以及物质之间是和谐统一的",是"天人合一"思想的主旨。很多具体的民俗体育事象,如清明踏青、重阳登高,是人们遵循"天地气交"的自然规律的体现,是"天人合一"思想的实际运用,是人与自然和平共处原则的体现,表达了人们热爱生命、热爱自然、回归自然的意愿。

第二节 民俗体育的文化功能

一、承载优秀传统文化

广义上讲,文化是人类精神生活与物质生活的总和。我国的传统文化是相对于当代文化和外来文化而言的,它一般是指文明演化而汇集成的一种反映民族特质和风貌的文化,是各种思想文化、观念形态的总体表征。中国比较有影响力的传统文化有儒家、道家、墨家、法家等。儒家文化追求对人、对社会的认识,以及对社会行为规范的追求,即"仁、义、礼、智、信"。民俗体育文化以民间的思想、文字、语言、技艺等形式,融入民间人们的日常生活中。在传统节日、婚嫁礼俗、丧葬、祭祀等特定日子里,人们通过举行隆重的表演、庆祝活动和纪念活动,以民族音乐、戏剧、歌舞、杂技、对联、灯谜、酒令、歇后语、服装、饮食文化等内容,表达人们生活和乐、安康幸福以及人们的审美情趣和忠孝观念等,教化公民遵守社会公序良德、爱国爱家、平等友爱、和睦共处、乐观积极等道德品质。我国福建著名的妈祖民俗体育文化以妈祖信俗为核心。妈祖文化作为海洋文化的代表,与沿海地区的渔民密切相关,海神妈祖及其部下保护着海上渔民的平安,对渔民行善以及施行大爱精神。妈祖文化现已是印度尼西亚、马来西亚、菲律宾、新加坡、泰国、越南等21世纪海上丝绸沿线国家重要的民间信仰,推动着各个国家的文化交流与融合发展;妈祖文化信仰圈的互信互敬也进一步推动着各国经济的深度合作。民俗体育活动承载着我国优秀的民俗体育文化,传播着传统的教化思想。今天,在我国发展社会主义先进文化的过程中,对民俗体育文化进行动态传承与创造性发展,不仅能增强民众的凝聚力,还能进一步加强我国的物质文化、制度文化和精神文化的建设。

二、培养民族文化认同感

中国人在传统节日期间的传统习俗是举行隆重的民俗体育活动,增添节日祥和而热闹的气氛,传播团圆、忠孝、关爱、和睦、和谐、发展等民俗体育文化内涵。在伦理观念、价值观念相同的同一文化背景下,中国的传统习俗培养并形成了人们对民族文化的认同感,如春节期间的闹花灯、舞龙、舞狮,端午节划龙舟,中秋节舞火把,泼水节泼水,就是人们共同的文化认同感的直接体现。

中国人重情重义,尤其重视亲情、友情。在中国的传统节日里,中国人的情谊表现得浓烈而真挚,人们走亲访友,共同祝福,道喜问好,倾诉关爱之情。春节,全国人民共同庆祝国泰民安、祖国和平繁荣,家家贴对联、穿新衣、放鞭炮、请财神,农村处处呈现喜气洋洋的景象,举办各种民俗体育活动庆祝春节;端午节是纪念屈原的传统节日,追怀华夏民族的高洁情怀。人们在这一天吃粽子、赛龙舟,挂菖蒲、蒿草、艾叶,薰苍术、白芷,喝雄黄酒。2008年,"端午节"成为国家法定节假日之一,并被列入世界非物质文化遗产名录;中秋节是中国人团圆的节日,赏月、吃月饼是人们公认的习俗,也是人们喜庆丰收、祝愿家庭团圆平安、民族团结奋进、国家统一安定、社会和谐稳定的佳节。

民俗体育活动是在民间普及广泛、民间本土居民擅长且喜爱的运动项目,人们参与的积极性较高,形成了共同的心理趋向性。久而久之,民俗体育文化浸入人们的心灵,并形成守护精神家园的文化自觉。Robert Smith在其研究中明确指出,民俗体育表演具有情感和认知等两个维度的心理建构功能。[1]

鉴于民俗体育文化有培养民族文化认同感的强大功能,2007年12月7日,国务院审议通过了《国家法定节假日调整方案》,继春节后,中华民族新增了清明节、端午节、中秋节三个法定节假日。民俗体育文化在培养我国民众民族文化认同感方面的功能得到进一步加强。

三、弘扬民族精神

民俗体育活动是民间最普及的娱乐健体方式,也是民众精神寄托的主要载体,其内容涉及生产生活、社交娱乐、纪念先祖、祭祀神灵、驱邪祛病等多方面,表达了人们的祈盼、思想、信仰、道德、情感等,成为广大民众享受精神生活的重要途径;民俗体育文化记录着各地区、各民族丰富而多彩的社会生活文化内容,承载着我国数千年的农耕文明的文化成果。例如春节,春节是中华民族最隆重的节日,春节也是民俗体育行为文化活动

---

[1] Smith, Robert. The Art of the Festival: As exemplified by the fiesta to the patroness of Otuzco: La Virgen de la Puerta. American Anthropologist, 1979, 81(1):170-171.

形式最丰富最集中的时期,包括祭奠、礼仪、表演、技艺、艺术、游戏等方面,这些丰富多彩的行为文化又折射出民俗体育的物质文化和精神文化丰厚的文化内涵。

在日常生活中,人们进行民俗体育的健身、娱乐、表演等时,礼貌相待,谦逊有礼,语言交流讲究分寸,显示出和蔼、平等、宽容、接纳、谦让的民族情怀与精神品格。随着时间的推移,这些优秀品格成了人们性格的一部分。民俗体育汇集民智,宣传民德,尊重民意,凝聚民心,发展着本民族体育文化的个性,形成了本民族体育文化的特色,培养了人民眷恋乡土、热爱家园、和睦相处、互敬互爱的情怀,传播着尊重祖先、崇礼重教、遵从伦理道德、发扬传统美德的优秀民族文化,弘扬了不屈不挠、团结互助、勤劳苦干的民族品格和民族精神。

四、促进社会和谐稳定

民俗体育产生、发展于人类的生产实践,与人们的物质生产方式、思维方式、行为方式、生活习俗息息相关,并随着社会生产的发展和人们生活水平的提高而日趋丰富,且在人们的生活中发挥着越来越重要的作用。民俗体育活动尊重人的活动自主权,使人的身心在健康的体育生活方式中得到锻炼,使人感到舒畅、愉悦;同时也能缓解人们在劳作中的劳累感,使人们单调的生活内容有了改变,变得更丰富;还可以促进群体间的交往,拉近彼此的心理距离,让人在互帮互助中形成乐观开朗、积极向上的心态;有利于提升群体成员的人文素质,从而达到端正社会风气、抑制社会不良习惯的产生的效果。

社会的发展中往往伴随有一些不平衡、不和谐的问题,妥善解决这些问题往往能加速社会的健康发展,创造更和谐的生活局面。民俗体育活动往往是解决这些问题的载体。例如,乡村人的宗族观念根深蒂固,在遇到矛盾、纠纷时,会出现大姓宗族势力欺压小姓宗族势力的情况,纠纷多以不公平的结局而不了了之,人们心里的怨恨因此越来越多。再者,农民文化水平普遍较低,政治素养、人文素质也相对较低,他们的处事方式、风俗习惯、兴趣爱好等存在较大差异,这也是影响人们和平共处的不稳定因素。因此,乡民间产生误解在所难免,误解之后是"解"还是"结",这与人们的认识、态度、行为关系极大。

民俗体育活动,特别是节日期间的大型活动举行时,乡里乡亲共同参与,人与人之间的互助与合作拉近了人们之间的心理距离,"低头不见抬头见"的局面增加了人们之间的亲切感,可谓"一声恭喜,互泯恩仇",无形之中淡化了人们之间的矛盾,化解了人们之间的误解。乡邻间的矛盾化解方式有很多,民俗体育活动因其共同的娱乐性、共同的心愿,更能促进人们之间的心理认同感,达成和谐的互助关系,使人们更愿意为本乡、本地区的荣誉而合作努力。民俗体育在满足人们的健身和审美需求时,以其天然的亲和力与感染力,教化民众热爱本土的风俗、文化,促进乡村社会的稳定与和谐发展。这些"相对统一的活动行为模式较为集中地体现了社会调控的需要,并作为一种文化手段调控着社会关系"[①]。

第三节 民俗体育的文化价值

一、文化传承价值

现今社会依然盛行的龙舟文化、舞龙舞狮文化、骑射文化、风筝文化、花鼓文化、妈祖文化等民俗体育文化,均源于我国农耕社会的实践劳动,是我国农业文明的文化见证。孕育于我国远古时代的民俗体育文化主要与当时的社会环境中人们的价值观念、宗教信仰、心理需求有关,也与当时的地理环境、生产力水平、生产方式、生活方式息息相关。一生致力于

[①]司马云杰.文化社会学[M].山西:山西教育出版社,2007:360.

文化研究的马林洛夫斯基认为,"文化心理存在的基础是人的需要"①。随着社会的发展变迁,社会形态也发生了改变,工业社会的工业文明、传统的农耕文化也在向现代农业等现代文明的方向转变,民俗体育赖以生存的基础环境也在不断变化。古老的村落、山寨变为新型社区、新农村,纯手工劳动被部分机械化、自动化生产方式代替,人们的生活方式也随之发生改变。然而,民俗体育在人们的创新、改造中依然呈现旺盛的生命力,项目繁多,内容丰富,深受人民群众的喜爱,说明了民俗文化传承功能的强大。如赛龙舟,规模庞大,仪式隆重,服饰讲究,热闹的氛围衬托出人们对"龙"的敬仰与崇拜、对龙文化的信仰与执着。民俗体育文化历经时世的不断变化,经过代代人的传承,依然扎根于人们的心灵深处,继续发挥功效,增强人们的民族自信心、自豪感。今天,在我国建设体育强国的进程中,民俗体育文化依然发挥着强大的文化传承功能,依然起着提升我国文化软实力的作用。

二、文化共享价值

文化是民族的血脉,是人民的精神家园,是推动社会发展的重要力量。我国勤劳、朴实的劳动人民在以地方的、民族的礼仪和仪式等为重要内容的各种民俗事象中,创造了丰富多彩的、具体的生活文化。在特定的时空关系中,通过民俗体育表演、传媒、电影、电视等形式进行传播,表达了普通民众的诉求、信仰、喜悦、思想、道德、理想等,复述和延续着他们的集体社会记忆和情感。

民俗体育文化承载着地方的风俗、礼俗和民俗,记载着地方的历史,历经岁月洗礼,沉淀于人们的心灵深处,又与时代共发展,在传承中不断创新,被社会群体共享,为社会发展献力。民俗文化元素通过科学、艺术的形式,融入现代经济、时尚等领域,成为在文化上受尊重的社会主体。

---

①朱炳祥,崔应令.人类学基础[M].武汉:武汉大学出版社,2006:145.

手工刺绣原是乡村地方传统的手工艺品,绣花枕头、衣服、花鞋子等现在却被用在了 LV 的提包、苹果产品的套包上,成为不同群体共享的公共文化。近十多年,非物质文化遗产保护工作实际上可以简化为大规模地依托国家体制从日常生活中发现公共文化的过程,民俗已经在大量提供公共文化了。民俗成为非物质文化遗产,就是成为合法的公共文化。①

中华民族是个骁勇善战、热爱和平的伟大民族,中国劳动人民向来具有勇敢、刚强、自尊、自爱、不屈不挠、开拓进取等精神品质,这种民族特性和民族精神得益于中华民族古老而传统的民族文化的浸润与滋养。民俗体育文化作为民族传统文化的有机组成部分,它们相互作用、彼此依托,为各族人民共享,起到树立民族自信心、增强民族自豪感的作用。

三、文化开发价值

民俗体育文化开发价值体现在:其一,体育文化是一种软实力,当体育文化与科技加工手段和商业营销理念糅合在一起的时候,它就会爆发出巨大的经济效益,成为一种硬实力②;其二,民俗体育文化和其他文化一样反映了一个时代、一个国家或民族的特征,并规范着人们的体育行为,也影响着人们的价值观念③;其三,民俗体育文化是带动地方人参与体育运动的基础,是地方人的精神支柱,也是人与人之间的联系纽带,使地方充满朝气④。

在文化全球化背景下,民俗体育文化的民族性、传统性、多样性、趣味性将成为国家文化多样性的重要标志。民俗体育文化把"人"作为文化

---

① 高丙中.中国民俗学的新时代:开创公民日常生活的文化科学[J].民俗研究,2015(1):5-15.
② 王程.试论民俗体育文化产业化的发展[J].社会科学家,2011(12):84-86.
③ 李艳茹,汪普健,张黎.我国民俗体育文化及其资源的开发研究[J].体育文化导刊,2007(7):88-91.
④ 余卫平,卢元镇.体育与小区文化发展研究——以广州市中海康城花园小区为例[J].体育文化导刊,2008(9):15-17.

载体进行传承、传播,为广大民众所享用,有利于提高人们的鉴赏能力与审美水平;民俗体育文化的产业化通过提供文化产品、文化消费服务的方式,融入人们的现实生活中,提高人们对民俗体育文化的认知程度与参与程度;民俗体育文化具有潜在的商业价值,通过开发与运用,能产生可观的经济价值与社会效益,为现代文化的发展注入新的生命活力,为实现体育产业的经济功能而发挥巨大的作用。

我国是一个多民族国家,异彩纷呈的民俗体育文化资源为体育文化的产业化发展提供了充足的条件。在国内外大力发展体育产业时期,民俗体育文化的产业化发展是时代赋予的使命,谋求民俗体育文化的产业化发展策略是民俗体育文化保持"话语权"的新思路,挖掘民俗体育文化的产业开发价值是传统民俗体育文化参与经济发展的创新发展路径。民俗体育文化走产业开发道路,将成为我国国民经济的重要的增长点,将对我国体育的产业化的实现做出巨大贡献。

四、文化教育价值

文化教育是一种社会现象,是人们在长期的生产劳动的创造过程中形成的产物,同时又是一种历史现象。确切地说,文化是一个国家或民族的历史、地理、风土人情、传统习俗、生活方式、文学艺术、行为规范、思维方式、价值观念等的统称,是人类在社会历史发展过程中所创造的物质和精神财富的总和,它包括物质文化、制度文化和心理文化三个方面。[①]

民俗体育文化教育人的方式主要有三种,即物质文化的保障作用、制度文化的规范作用、心理文化的感染作用。物质文化与"非物质文化"相对,是指为了满足人类的生存和发展需要所创造的物质产品及其所表现的文化,包括饮食、服饰、建筑、交通、生产工具以及乡村、城市等,是一种可见的显性文化,如蒙古包、壮族的干栏建筑、窑洞、汉服、胡服、三国时的

[①] 董青.文化创造的活力从哪里来[J].学海,2014(1):5-8

独轮车、殷商和西周时的两轮车,等等,这些是民俗体育文化中物质文化的表现形式。制度文化指生活制度、家庭制度、社会制度等。民间的礼仪俗规是民俗体育文化中制度文化的主要内容,以不成文的、具体的、非正式规范的方式,规范着社会群体中绝大多数人公认的行为准则,决定着个人或群体在特定的情况下应该做什么,不应该做什么,并对违反者有特定的惩罚。心理文化指文学、哲学、政治等方面的内容,如思维方式、生活方式、风俗习惯、宗教信仰、审美情趣等。民俗体育文化中的制度文化、心理文化属于不可见的隐性文化。在社会法治条例不完善时期,其规范作用、感染作用是维持社会稳定、调节社群关系的主要手段。中国传统文化在处于半封闭状态下的大陆性地域发展了以个体农业经济为基础、以血缘宗法与高度专制统一的社会为背景、以儒家思想为核心的伦理性文化。[①]

我国的民俗体育文化是传统文化的组成部分,在具体的活动中,倡导团结,倡导有秩序的组织化和群体化的生活,而维系这个群体的核心观念就是个人的修养——德。在各种民俗体育活动中,人们本能地重演先辈的活动模式,传承古老先祖的风俗,他们乐于表达自己的主观愿望,相信自己,也相信群体,相信对手,既维护了参与活动者的心理健康,又塑造了质朴而闪耀的人格精神,使仁义道德的教化作用代代相传。

文化、体育、教育的均衡发展,是时代发展的要求。在学校体育教育中,以体力和体能为本位的威慑力训练,将儒家所提倡的仁爱思想与体育运动有机地结合在一起,可以更好地培养年轻人的强者心态和爱怜众生的仁爱之心,学校体育教育提倡量力而行、诚信待人的为人处世原则,利于学生树立正确的人生观、价值观,发挥德育教育的功能。民间民俗文化进课堂,既丰富了课程的内容,又开拓了民俗文化的传承渠道,让更多的年轻人学习民俗体育文化,领悟其文化内涵、民族精神品格,对于培养学

[①] 李军兰.体育游戏的文化特征[J].体育文化导刊,2005(2):46-47.

生的爱国思想、爱民族情怀具有现实的教育意义;也有利于学生建立务实创新精神,建立"仁义"与"孝悌"的核心道德思想,建立人与自然和谐共生的精神追求,从而达到强化民族认同感、弘扬民族精神的目的。

第四节　民俗体育文化的流变

一、文化变迁概述

一般来说,文化变迁主要是指文化因内部发展或外部刺激所导致内容和结构在量上的缓慢变化过程。人类社会的发展史其实是一部文化变迁史,文化变迁史记录下了社会发展的历史进程。文化变迁也一直是人类学关注的主要课题之一。人类学认为,文化的稳定和均衡是相对的,变化发展则是"绝对"的,因此文化的变迁是文化发展的常态现象。从人类学诞生以来,各个学派都研究了文化变迁:传播学派侧重于文化的地理、空间、地方性变异,注重研究文化的横向散布,认为文化的变迁过程就是传播过程,文化主要在传播过程中发生变迁;早期进化学派用文化进化理论来说明文化发展的普遍性,认为人类文化普遍由低级向高级、由简单向复杂发展进化,形成一个发展顺序,涉及的主要是历史上的文化变迁;功能学派侧重于社会文化的功能和结构的研究,在研究文化变迁时着重探讨它的功能的变化、消失与替代,认为就研究文化变迁的过程来说,共时性研究优于历时性研究。文化是全人类的财富,是人类共同关注、研究的对象。在文化研究中,著名学者赫斯科维茨认为,文化变迁的过程就是文化重构的过程,且每一种文化都有其独创性和充分的价值,每个文化都有自己的价值准则,一切文化的价值都是相对的,对各群体所起的作用都是相等的。

二、民俗体育文化现代化的变迁特征

1. 变迁方向明确

文化全球化和现代化发展的趋势与格局为我国民俗体育文化未来的传承和发展指明了方向——现代化方向。从文化的物质文化层面、制度文化层面、心理文化层面分析我国民俗体育文化历史发展的"转向",可以发现,民俗体育文化现代化演进的总方向是可预期的,在一定时间内的变化又是可逆的。文化的变迁过程是非线性的,不具备世俗的决定性,又与社会、经济、制度、自然环境等要素关系密切。民俗体育文化的现代化进程首先从神秘而封建的、传统而乡土的转向科学而象征化的、产业而遗产化的,然后再在后现代文化的现代化进程中再度转向,向人性而生态的、信仰而生活化的方向转换,在此民俗体育文化又转回它的原本。文化现代化和后现代化是其两个拐点,既负责民俗体育文化变化的转折,又相互连接着彼此。它们不分彼此,又泾渭分明,正是这种关系丰富了民俗体育文化的演进历程。

目前,我国的国内大环境和平而安定,经济增长迅速,制度上鼓励民俗体育文化走产业化和商品化道路,加强民俗体育文化的开发与创新,追求民俗体育文化的经济价值和品牌效应。在现代社会发展创新的理念下,人们不断探索民俗体育文化产业的发展模式,开发民俗体育文化市场适销的产品。同时,民俗体育文化的创意产品影响着人们的日常生活,它既作为物质载体传播传统文化,又满足了当代人们的文化消费心理需求,调节人们的心理健康水平,促使人们更加科学地传承民俗体育文化。可以说,在短时期内要素相对简单的情况下,民俗体育文化发展现实与未来发展的因果关系比较明显,其变迁方向明确而稳定。

2. 变迁路径具有依附性

民俗体育文化的民俗性是其本质属性,是民俗体育文化得以生存、发展、繁荣的根本所在。民俗体育文化与人们的日常生活联系紧密,浸透于日常生活中的各种民俗事象,依附于人们的起居、信仰、饮食、服饰、交通、娱乐等各个方面,也正是这些方面承载着民俗体育文化丰富的内涵,影响着人们的思想、行为,督促人们对民俗体育文化进行传播、创造,再通过具体的表演业、旅游业、培训业等将民俗体育文化发扬光大,以促进我国民俗体育文化事业的繁荣发展。

在我国民俗体育文化的具体事象中,有国际影响力的比较有名的文化当属我国福建的妈祖民俗体育文化。妈祖民俗体育文化不仅是我国历史悠久的民俗体育文化,也是东南亚沿海国家重要的信俗文化,是海洋文化的代表。妈祖被誉为海上女神,以妈祖信俗为核心的妈祖文化是海上丝绸之路的重要精神支柱,也是海上丝绸沿线国家文化交流、文明对话、经贸合作的重要媒介①。

2009年,妈祖信俗被联合国教科文组织列入《人类非物质文化遗产代表作名录》,妈祖文化成为全世界的重要文化遗产。妈祖文化的文化表现方式有很多,如妈祖文化产业外围层,即生产妈祖文化相关产品的行业,外围层由两个层面组成:第一个层面主要由妈祖文化祭祀产品生产(妈祖宫庙用品、香、灯具、蜡烛等)、妈祖宫庙建筑产品生产、妈祖宫庙内设物品生产等组成;第二个层面是与妈祖文化有关联的生产性行业,例如妈祖服饰业(妈祖服装、鞋、帽、挂饰等)、妈祖食品业(妈祖宴菜、妈祖糕点、妈祖面、妈祖茶、妈祖酒等)、与妈祖文化相关的海洋文化产业、与妈祖文化有关的其他产业等。由此可以看出,民俗体育文化的变迁路径具有极强的依附性。

3. 文化平等性与发展不平衡性

文化既是一种社会意识,也是一种社会现象。同时,文化还是人类长

---

①帅志强,曾伟.妈祖文化产业发展的意义、机遇及策略——以21世纪海上丝绸之路为背景[J].徐州工程学院学报(社会科学版),2017,32(4):6-11.

期生活经历造就的精神产物,是具体民族的历史现象,是特定社会历史的积淀物。文化是凝结在物质之中又游离于物质之外的思想结晶,它能够传承具体国家或民族的历史、地理、风土人情、传统习俗、生活方式、文学艺术、行为规范、思维方式、价值观念等,是人类之间进行交流的普遍认可的一种能够传承的意识形态。

从社会学的角度来说,民俗体育文化既是人们日常生活的信息积累,也是人们相互交流生活内容的结果。在不同民族相互交流与发展中,一方面,民俗体育文化表现出包容性、开放性、共享性,民族之间广泛吸纳其他文化,不断壮大自身文化内涵,保持文化的先进性和影响力,为每个人提供共享服务,促进民族内与民族间的和睦相处,形成一个相互尊重、和平相处的社会氛围,显示文化平等性的一面。另一方面,民俗体育文化存在的环境是一个生命力强盛的文化空间,其扩布性、流变性、生存环境与社会发展形态、科技发展水平、社会群体的流动性、客观载体形式等元素有关,其中,人的主观意愿、理想情怀、生活习性为主导影响因素,决定着民俗体育文化发展态势是繁花似锦还是萧条凋敝。

经过几千年的发展和人类的不断创新,民俗体育文化成为蕴含丰富、多姿多彩的文化形态,同时,民俗体育文化在演进过程中表现出不同步和不均衡性。如潍坊风筝节、泰山登山节的举办,其文化影响力波及全世界,彰显着民俗文化及其文化品牌的世界级水平。一些地方性的民俗体育文化产业的文化影响力就相对较弱,如徽州民俗文化及其产业,其在国内的影响力可谓一般。总之,人类的传统礼仪、仪式、游艺等内容和方式,在特定的时空关系中,利用相应的物质载体表达人们的思想、信仰、道德、理想等,丰富和发展了我国独特的民俗体育文化;因人的因素,民俗体育文化在现实中又表现出文化平等性和发展的不平衡性。

三、民俗体育文化的变迁规律

1. "当时代"的社会变迁是民俗体育文化变迁的前提

文化是人类共同创造的智慧结晶,其发展变迁与人类社会的发展息息相关。我国的民俗体育文化可谓是文化的"次级文化",是经过中国几千年民俗文化和体育文化土壤培育出来的文化,民俗体育文化包括传统文化、民俗文化和体育文化等诸多方面的文化因素,是一种"契合"型文化。因此,民俗体育文化的变迁与当时的生产力发展水平、自然环境、经济发展水平、政治生态环境以及当时的人的生存环境等因素密切相关。

民俗体育文化是各个时期的历史文化的凝结,因此,它必然符合时代的发展且其变迁方向与社会发展方向保持一致,只是可以不完全同步。对于人类社会来说,不管社会是动荡的、和平的还是缓慢发展的,只有促进人类文明进步的文化才能推动社会的进步和发展;对于民俗体育文化来说,民俗体育文化的变迁过程也是文化的发展和繁荣的过程,民俗体育文化只有在社会中传承下来才能不断向前发展,否则,就会逐步凋零、消失。因此,民俗体育文化只有符合"当时代"的社会历史现实,才具有生命力。

"当时代"是相对于"现时代"而言的,"当时代"是制约民俗体育文化变迁的前提条件。对于民俗体育文化的解读,我们不能以今天的文化精神去理解,而必须要将其还原到当时的时代背景之中,才能理解民俗体育文化所蕴含的时代精神、文化主体的观念、文化价值、信仰体系等,才能了解文化的结构设置、主要载体、传播范围及传播对象等因素。如清末民初盛行于山东鲁西南地区的民俗体育事象"拜罗圈",这个游戏由三个以上的女孩子手拉手围成一个圈,女孩们一边唱歌,一边从邻近者的腋下钻过,谁的手松开了就开始下一轮游戏。今天看来,这个游戏极其简单、锻炼价值低、缺乏创新性。然而,从"当时代"的历史背景来看,在"三从四德"的封建思想的桎梏下,女子进行户外体育活动是不允许的。"拜罗圈"运动能够冲破旧礼制的束缚,传播到社会底层的妇女阶层中,这是一种巨大的进步,为"男女平等"思想的建立奠定了基础。民俗体育文化在文化层面显示出了"进步"的一面。因此,"当时代"的社会变迁是民俗体育文化变迁的前提,引领着民俗体育文化变迁的方向。

2. 超越和创新是民俗体育文化变迁的动力

人类学家格尔茨认为,文化与社会是在相同的现象中抽象出来的不同方面,前者为意义结构,行动者根据它来行动;后者则是社会互动本身以及它采取的一种稳定的方式。民俗体育文化源于民间劳动人民的生产实践和生活实际,反映了劳动者生存状况和劳动者所处社会的基本运行方式两个方面。民俗体育文化最初反映的是劳动人民本能的对自身安康的诉求和生命保护。在科学不发达的年代,人们遇到自身无法解决的问题时,总是通过一些祭祀、巫术活动祈求神灵庇佑、消灾降幅;遇到自然灾害时,人们总是充满着对大自然的敬畏,再次拜神拜佛,祈求五谷丰登、风调雨顺。

随着社会的发展,人们的生活越来越富裕,闲暇时间越来越多,人们对休闲娱乐和健身的关注度也越来越高,因而,踏青、登高、玩花灯、舞龙、舞狮、龙舟竞渡等运动项目广泛盛行。民俗体育运动项目功能上的重大转变导致民俗体育文化表达的内涵也发生了质的飞跃:由敬畏神灵、自然界转变为对自我的一种信仰。人们在不断认识自己、超越自我中,实现了对民俗体育文化意义的创新,完成了对最初的民俗体育文化的超越和创造,推动着民俗体育文化的继续变迁。

自然环境与民俗体育文化有着密切的关系,自然环境的变化往往对民俗体育文化产生直接的影响。当一个地方的自然环境越来越恶劣,人们的生活难以维持时,大规模的迁徙、流亡现象就会发生。人是民俗体育文化的主体,而民俗体育文化又是人们的生活文化,在现实生活中直接影响了人们的思想、行为。因此,文化主体(人)的活动方式发生改变,他们的活动内容也会随之发生改变,他们的生活文化也会产生相应的变化。当自然环境发生变化时,民俗体育文化的主体会以新的方式对此做出反应,这也是民俗体育文化变迁的开始。如安徽凤阳的"凤阳花鼓",在明朝皇帝朱元璋的政策的鼓舞下,"凤阳花鼓"进入了鼎盛发展期;明朝末年,凤阳地区年年灾荒,大批凤阳农民外出乞讨,"凤阳花鼓"成为他们乞讨卖唱的谋生手段,"凤阳花鼓"出现了凋零、衰落的景象。与此同时,凤阳人的高歌演唱促使"凤阳花鼓"与其他地区的歌舞文化出现融合发展的新局面,出现了浙江温岭地区的《天皇花鼓》、山西的《晋南花鼓》等创新的花鼓形式,繁荣了我国的花鼓文化。

随着社会的发展,民俗体育文化与自然环境的联系有所减少,与社会环境的联系却越来越紧密。就叶村"叠罗汉"而言,在传统社会,"叠罗汉"是叶村人每年春节期间举行的一项既娱人又娱神的文化活动,"叠罗汉"成了叶村人日常生活中不可缺少的一部分。在当代社会,随着社会现代化的发展,"叠罗汉活动在叶村自然传承日渐式微,借助市场经济成为当地旅游文化活动的重要内容,其活动内涵和表现形式等发生了变迁"①。

总之,民俗体育文化主体的生存和社会的运行都离不开自然环境,人类对自身、对自然环境的超越和创新,是民俗体育文化变迁的动力。

3. 解构与重构是民俗体育文化变迁的方式

文化的发展变迁与人类社会的发展变化存在着分裂和统一的辩证关系。文化是人创造的,其思想和价值一旦被人共同享有、被人认可,那么,文化体系也就形成了,也标志着人与社会的分裂和统一逐渐形成。民俗体育文化是人们的生活文化,只有依托一定的社会文化(政治文化、经济

---

① 卢玉.叶村叠罗汉当代变迁的文化生态学认识[J].成都体育学院学报,2013,39(10):26-30.

文化等）才具有存在的价值和意义；民俗体育文化，只有适应人类社会的发展变化，才能生存下来，才能获得进一步的发展和繁荣，即民俗体育文化意义的整合与社会的整合必须存在协调关系。

一般而言，当社会环境发生变化时，处于社会环境中具有主观能动性的人对环境变化会做出相应的反应，民俗体育文化主体的需求也会随之发生改变，原有的民俗体育文化就会发生相应的变化以适应文化主体的新需求。在这个过程中，原有的民俗体育文化所承载的旧功能通常会与主体的新需求发生矛盾和冲突，导致原有的民俗体育文化主体发生解构现象。在解构的过程中，一部分文化要素被移除，一部分文化要素得以保留或被进行重组与创新，通过转化、吸收、采纳等途径有选择地融入部分新文化要素，民俗体育文化经过文化主体的重构而实现了变迁。

叶村的"叠罗汉"在土地改革以前开展得很红火，在自给自足的小农经济模式下，其娱神、娱人的功能较强，在每年重阳庙会迎神时做护卫队，在路过的村落择地表演叠罗汉。这时期的民俗体育文化所承载的意义能够有效地满足村民的需求，传承方式几乎不变。到20世纪90年代，中国进入社会转型期，城市化、市场化开始快速发展，市场经济体制被引入农村，农村原先的小农经济大受冲击，村民们不再依靠神灵来保佑农业生产的风调雨顺；文化方面，现代科技文化、传媒文化等新兴文化进入人们的视野，原有的民俗体育文化所承载的意义已经不能满足新时期村民的需求。这样，社会变迁与民俗文化整合之间必然会出现不协调的局面。

在正规的制度化学校教育广泛普及，农村建立了新型的互动关系的情况下，"叠罗汉"等民俗体育文化功能减弱，随即就开始慢慢发生解构、分裂现象，与此同时，新时期的文化特质、文化模式、文化风格等渐渐融入民间民俗中，导致民俗体育文化进行重构，以适应新的社会环境的发展。中国历史上朝代更迭频繁，各个新兴王朝都不去刻意破坏原有的民间社会、民间文化，但民间的民俗体育文化依然不断地进行解构与重构，以顺应时代的发展,这显示了民俗文化与人类社会的辩证发展关系。

社会的现代化发展带动着文化向现代化方向发展变化,这也是我国民俗体育文化变迁的先天之本。我国今天的民俗体育文化变迁呈现出阶段性、地区性的特点,与经济的发展水平关联性较高。我国文化现代化经历了起始阶段(1840—1928年)、局部发展阶段(1928—1978年)、全面文化现代化阶段(1978年至今),民俗体育文化的发展变迁在时间上表现出与文化变迁、文化现代化是部分重叠的关系。我国经济呈现东部发达、中西部相对落后的不平衡状态,民俗体育文化在东部沿海地区显示出数字化、信息化、科技化的时代特色;在中部地区保持农业和重工业并存的文化形态特征,在西北地区则以原生态文化形态为主要形式。在内涵上,我国东、西、南、北的民俗体育文化形态处于有明显差异而又协调发展的状态之中。

四、民俗体育文化的变迁路径

民俗体育文化的变迁与社会的发展历程相伴而生,且社会环境对民俗体育文化生存、发展的影响相当大。随着社会结构的改变,社会关系以及人们的生活方式、需求、价值观、审美观等也发生了变化。从文化角度来说,民俗体育文化作为社会民间基本样态的综合反映,具有非常稳定的自组织系统。随着社会的发展,民俗体育文化会在社会矛盾和自身矛盾运动的推动下,在形式、内容、功能方面不断进行变迁,实现自身体系的完善、更新与超越发展。

在没有外来文化影响和外来文化注入的情况下,特定民族或特定社会的基本文化价值体系会保持相对稳定的状态,但文化的自组织系统会随着社会的发展在自身矛盾运动的推动下不断实现自我完善、自我更新、自我超越。由于主导社会文化反映形式往往落后于社会发展,而特定民族或特定社会却会从自身内部产生出质疑、批判原有文化模式的新文化因素,并与原有的自在的和自发的文化模式发生冲突,进而引发文化的变迁。[①]

1. 内容稳定,形式改变

民俗体育文化在社会相对稳定或发展缓慢的状态下,在没有外来文化影响和外来文化注入的情况下,其核心内容和结构改变不明显,而外在表现形式改变较为明显,如安徽凤阳民俗体育"凤阳花鼓","凤阳花鼓"文化演变为流亡、乞讨文化的内在动因是人们的生存危机。"凤阳花鼓"被周恩来总理誉为"东方芭蕾",在安徽凤阳当地,是展示民俗体育原始原貌的经典项目,被视作民间瑰宝,600多年来,一直是凤阳人津津乐道、倾情表演的传统项目。据《凤阳新书》记载,朱元璋允诺家乡人:"往后你们在家乡,有福的去做父母官,无福的就给我看守陵墓,种田的不要你们交租税,年老的只管逍遥自在地喝酒。一年三百六十天,你们就唱着过吧。"

在宽松、和谐的政治环境中,凤阳人民心情愉悦,倍感皇恩浩荡,敲着花鼓小锣唱着过。遇到节日或者有喜事时,凤阳人更是隆重庆祝,驾着彩车,骑着香马,花鼓敲得震天响,从民间唱到大明皇宫,赞誉朱明皇帝的丰功伟绩,歌颂凤阳人的幸福生活。后来,自然灾荒以不可抗拒的力量改变了明朝凤阳人和乐、安稳的生活。《明太祖实录》卷二五五记载,洪武三十年(1397年),"凤阳县自五月至八月不雨,禾稼不收",洪武三十一年(1398年),"稼穑不收";《缀白裘》《清稗类钞》中也记载了凤阳"十年倒有九年荒"的灾情;凤阳民间的"凤阳老歌"中有"三年水淹三年旱,三年蝗虫闹饥荒"的内容。连续多年的自然灾荒使得凤阳农村衰败、农民破产,凤阳人只能背井离乡、四处流浪,背着"花鼓小锣走四方",过着卖唱

[①] 周军. 当代中国乡村文化变迁的因素分析及路径选择[J]. 中央民族大学学报(哲学社会科学版),2011,38(2):61-64.

乞讨的苦难生活。"看前方雪白茫茫,母女相依守凄凉。尝尽人间辛酸事,饥寒交迫泪汪汪"的唱词道出了当时凤阳人辛酸悲惨的生活状况。[①]

有史料记载,朱元璋当年定凤阳为中都,为了繁荣中都的文化与经济,便移江南富民十四万户和天下数千文人墨客到凤阳安家。这些江南地主或文人墨客不习惯淮河流域的自然环境、生活方式,想回乡重新夺回自己原有的势力与财富,常有人出逃。官府发现后,颁发禁令:"凡逃跑者格杀勿论。"一些人便扮演逃荒者,唱着花鼓,敲着小锣,暗中外逃,踏上了回乡之路。"凤阳花鼓"的形式在这期间发生了改变,内容也发生了部分改变,但文化的本质功能却一直没变。

相传,其曲艺形态的表演形式是由一人或两人自击小鼓和小锣伴奏,边舞边歌。创始人最初在一个竹筒的两头蒙上羊皮,制成小鼓,又随意折两枝树条当鼓槌,这就是今天双条鼓的雏形。后来,表演者的人数也发生了改变,由一两个人变为四人、六人。今天,凤阳花鼓变为群体演出,其打法、舞步、花势等也进行了一系列的创新,加入了现代歌舞的技巧,使得凤阳花鼓的观赏性更强。在"当时代",随着逃荒者的四处奔走、演唱,凤阳花鼓发生了与其他地方文化融合发展的现象,但依然没有脱离其母体文化的本质,即项目形式发生了改变,但它依附的民俗文化母体没发生根本性改变,依然保持着浓郁的原创特色,同时,该民俗体育文化所具有的主要内容和它承载的主要功能基本上得以保留。

2. 功能稳定,内容改变

民俗体育文化是我国各个历史时期民间生活文化的真实写照,其历史积淀深厚,艺术形态经历了由简到繁的过程,内容丰富多彩。经过几千年的发展,现在的民俗体育文化气息古老、活力四射而又具有强大的生命

---

① 刘从梅,陶运三.安徽民俗体育"凤阳花鼓"的历史变迁与传承路径[J].重庆工商大学学报(自然科学版),2017,34(6):118-121.

力。在传统的农耕社会时期,传统的农业社会背景是它赖以生存的基础,民俗体育文化的主题思想多以"驱邪祈福、风调雨顺"的祈愿为主导,表达人们祈盼丰收、安康、和乐的生活愿景,如板凳龙、踩高跷、跳钟馗、傩舞、仗鼓舞、扑蝶舞、叠罗汉。

  随着时代的变迁,一些民俗体育文化内容的外在表现形式发生了改变,但其功能并未发生改变。同一种民俗体育文化,其活动形式虽然不同,但功能相似,如同样是"叠罗汉"活动,不同地区的"叠罗汉"的活动内容不一样,且活动内容在变迁过程中也在不断变化。安徽泾县茂林镇凤村的"祠山神会叠罗汉"是带有祭祀意义的助兴活动,叠罗汉者随神转场进行表演,下面的人做桩,其他表演者一层一层地在他身上往上叠,表演过程中有锣鼓、唱曲伴奏;浙江省义乌叠罗汉,起源于明朝嘉靖年间,因当时义乌一带崇尚练习南少林派的罗汉拳,故取名"叠罗汉"。后来,为了迎胡公、庆庙会、搞大型喜事等,总会有几班或十几班的罗汉班相聚在一起,同场竞技,表演形式主要有走阵、滚叉、拳术、刀棍术、叠罗汉等;浙江省仙居县陈岭乡的叠罗汉的表现形式分为"走阵""测势""罗汉台"三个部分,象征着正义的伸张以及消灾祈福;安徽省黄山市歙县县南的一个偏僻乡村——叶村,其特色项目叠罗汉始于明代中叶的一项原生态的民俗体育活动,是一项典型的消灾祈福的民俗活动。

  进入20世纪以后,社会发展迅速,生产力进一步提高,物质文明和精神文明飞速发展,各地叠罗汉的宗教性质和神秘氛围因而逐渐减弱,活动内容却更丰富,娱乐成分也增加了许多。如叶村叠罗汉的活动形式演变为系列活动,从正月初六到正月十八,共持续13天,活动内容增加了徽州地方的滚灯、五兽灯、舞狮、叠牌坊表演等项目,其中的叠牌坊项目,其表现形式由最初的"一柱牌坊"到最后的"六柱牌坊"。

  进入21世纪后,社会生活方式变了,人们的观念也变了,民众的审美情趣和情感需求也随之发生了变化。传统的叠罗汉的表现形式难以为继,其结果导致叠罗汉的传承主体在内涵和外延两个方面产生分化。专业人员对叠罗汉活动进行了创造,现代传媒代替口耳相传的原始模式,从传统叠罗汉传承的链条中分离出部分专职表演叠罗汉的"专业运动员",同时增加了一些个性化程式,如"刘海戏金蟾""童子拜观音"。在社会的变迁过程中,叠罗汉的文化体系内部也处于动态的变化之中,其内容处于活跃的变化状态,并且在不断增加,但其文化结构、传承空间没有发生实质性改变,其核心的健心娱乐、教化等功能也没有发生实质性改变。

3. 形式、内容、功能均获得创新发展

我国向来以农业大国著称,社会发展相对平稳,社会结构相对稳定,农民的乡土意识浓厚。民间文化在地区间、民族间以相互交融和渗透的温和的方式进行传承和演变,促进人们的沟通和交流,使各族人民团结、友爱。

新中国成立后,中国的政治、经济、文化等领域发生了翻天覆地的变化,各项事业获得了快速发展的新机遇,中国的新农村更是发生了前所未有的巨变。改革开放后,中国的社会结构和社会阶层不断发生变化,农村先后经历了家庭联产承包责任制、乡镇企业、小城镇建设、城乡一体化发展的不同发展时期。1978年,我国农村开始推行家庭联产承包责任制,这标志着我国农村现代化建设进入新的阶段。经济方面,计划经济体制促进了城乡二元结构的形成和强化,使传统乡村文化存在的经济基础发生了变化,但农民的社会文化生活依然具有封闭性和保守性,导致乡村文化的发展落后于社会发展。改革开放后,市场经济彻底摧毁了农村自给自足的经济模式,市场文化进入乡村社会,加之教育的普及和现代传媒的影响,从根本上改变了人们的思想观念、价值观念、思维方式、生活方式、交往方式,致使乡村社会文化的封闭性逐渐减弱。再者,外来文化"更新鲜,更便捷,更有诱惑力",对民间文化的冲击更为剧烈,使民间特色文化资源优势弱化或不断流失、消亡,此种情况已成为社会发展过程中的必然现象。

在这些内外因素的影响与牵制下,文化变迁中的矛盾和冲突一定程度上造成了民俗体育文化的边缘化发展态势,特别是"文革"期间,"破四旧"(旧思想、旧文化、旧风俗、旧习惯)活动对很多民间文艺活动造成了很大破坏,民俗体育文化也遭到了很大破坏。随着社会的发展、经济的转型以及政府职能的转变,我国的民俗体育文化在停滞了一段时间后,在国家非遗立法及原生态保护理念不断增强的社会背景下,再次呈现出走向兴盛的繁荣景象。在十二届全国人大一次会议闭幕后的记者见面会上,李克强总理在谈到改革的理想方案及转变政府职能目标问题时明确指出,"转变职能则是厘清和理顺政府与市场、与社会之间的关系",意味着政府放宽政策,积极调动市场经济的职能,促使各项事业更好更快的发展。对于民俗文化事业来说,传统的民俗体育文化已经不能满足现代农村建设的需求,因此,在内容和形式上进行创新,在功能上进行拓展,促进文化的转型就是一种必然选择。

第六章 民俗体育文化的传承现状与现代化传承路径

第一节 我国民俗体育文化传承的制约因素

我国优秀的民俗体育文化既是民族振兴的精神动力,又与时代的使命与人民的追求息息相关。在经济全球化和发展社会主义市场经济的背景下,我国丰富多彩的民俗体育文化面临着其赖以生存的原生态环境遭到严重破坏的局面。很多民俗体育项目被冷落或呈现边缘化发展态势,只有少数项目成功发展为竞技比赛项目。下面从文化构成的三个层面,即文化的物质层面、制度层面、精神层面,来具体分析我国民俗体育文化的现代发展状况。

一、民俗体育物质文化层面存在的问题

民俗体育的物质文化层面是由物化的知识力量构成的,是人的物质生产活动及其产品的总和,是可感知的、具有物质实体的文化事物。民俗体育文化在传承的物质文化层面存在资源配置危机,主要影响因素包括财力、人力、活动空间三个部分,具体表现为资金短缺且难以到位、传承人匮乏或出现断代、文化生活空间减少。作为非物质文化遗产,我国的民俗体育要想获得抢救性保护和传承发展,就要有必要的资金支持,这是前提条件,而且在很大程度上影响着它的传承效果。

联合国教科文组织设立了世界遗产基金,我国印发了《国家非物质

文化遗产保护专项资金管理办法》，各省也非常重视非物质文化遗产项目的资金投入问题，而且制定了相关条例对传承人进行津贴补助。可在现实中，非物质文化遗产项目众多，资金投入难以面面俱到，特别是偏远的农村地区、山区和一些少数民族地区，普遍存在保护经费不足的现象。专项保护资金难以维持非遗项目的正常开展，有些非遗项目走向边缘化发展态势或逐渐消失。民间组织的资金来源也很有限，农村地区的非物质文化遗产项目保护活动难以得到赞助商的经费资助。

在传承人方面，从首批非物质文化遗产传承人的信息中了解到，大部分传承人收入不高，年收入在1万元以下的约占32%，1万到3万的约占47%，3万到5万的仅占12%。45.5%的传承人没有社保，27.6%没有医保。[①] 这极其不利于非物质文化遗产的传承和保护。民俗体育的传承方式向来以"口传身授"为主，传承人是民俗体育传承的关键。现代社会的多元化经济发展模式打破了以农耕经济为主的单一经济模式，年轻人不再以耕作为主，而是外出创业或打工，这使得民俗活动的人才储备不足。年轻人接触更多的是现代文化，其传统文化的传承意识较之中老年人更淡薄，他们对下一代人在民俗体育活动方面的影响也越来越弱，几乎不会要求孩子去学习传统文化，因此，传承人数量的不断减少就不足为奇了。民俗体育有的技艺并非一朝一夕就能习得，需要多年系统的学习与磨炼，才能掌握项目厚重的文化内涵和技术要领，才能融入时代要素，进行适当创新，否则，很难达到非物质文化遗产传承保护的目的和要求。另外，传承人一旦过世，就会把技艺带走，因此，传承人断代也不可避免。传承人是非物质文化遗产传承与发展的重要保障，传承后继无人，这对于非物质文化遗产民俗体育的传承是极其不利的。

---

① 冯骥才,周清印.老艺人走了,把一身绝技和宝贝也带走了[N].新华每日电讯,2009-06-14(10).

从文化的生活空间来说,民俗体育文化的传承对环境、开展条件、场地设施等也有诸多要求。原生态的自然环境、农耕劳作、生活习俗、图腾崇拜、神灵崇拜、宗教信仰等是民俗体育文化产生、发展、流传最肥沃的土壤;人们祈求神灵的庇佑的意识形态是民俗体育文化传承最强大的精神动力。现如今,现代化、科学化、信息化改变了民俗体育原生态文化的生存和发展的环境。强势的现代传媒弱化了民俗体育文化的"使用价值",进一步影响了人们的娱乐方式和思维方式。从空间层面来说,民俗体育活动的空间是民俗体育多样性、地域性的决定因素,如水域、沟壑、平原、田野。在大面积水域上开展的赛龙舟活动,在平原、田野上尽管可以开展旱龙舟活动,却不如水上龙舟那么让人震撼和富有激情,因而很难盛行。对场地要求不高的一些项目,无论在哪都易于开展,如有深厚群众基础的武术项目,其流变状态就很好,我国多地享有"武术之乡"的美誉。对场地要求较高的民间舞蹈项目,如起源于泉州、流行于闽南地区的拍胸舞,或称"乞丐舞""地农舞",起先是农夫围着草裙,伴着清唱,在耕作之余以休闲娱乐为目的所跳的一种田间舞蹈。随着农村环境的改变和人们的生产、生活方式的改变,拍胸舞依存的文化空间越来越窄,此项传统民俗活动于是逐渐退出历史舞台。

二、民俗体育制度文化层面存在的弊端

民俗体育的制度文化层面是由人类在社会实践中建立的各种社会规范构成的,包括法律制度、社会经济制度、婚姻制度、家族制度等。在我国,法律制度是保证民俗体育工作顺利开展的最强有力的保障措施,是人们行动的指南。2011年,我国颁布了《中华人民共和国非物质文化遗产法》,其总则中明确说明:是为了继承和弘扬中华民族优秀传统文化,促进社会主义精神文明建设,加强非物质文化遗产保护、保存工作而制定,该法于同年6月1日起施行。随后,各省制定了《民族民间文化保护条例》。各级政府组织越来越重视我国的非物质文化遗产的传承与保护工作，非物质文化遗产的普及、开展工作也取得了显著成效。各地方具有显著特色的民俗体育项目是非物质文化遗产的传承与保护工作的重点，一般是由地方文化部、非遗传承人负责，宣传和谐、人文、生态、文明的民俗文化，让民俗体育走进百姓的日常生活。

因为得到了政府的大力支持，非遗项目的传承和发展明显好转，同时还建立了各具特色的民俗文化品牌。由于保护工作起步不久，相关法律法规尚不健全，实质性的保护政策和相应的保障机制仍需细化；在纵向关系上，中央、省级、地级市、县级市存在上下位阶关系，省级及以上的保护单位更多的是起主导作用，地（县）级的基层单位是项目传承的具体执行者。可是，在现实中，法律的衔接上存在缺乏实际操作性、管理细则模糊、具体保护任务不明确等现象，导致保护主体的工作效率不高、主动性不强。另外，对于非遗的保护和开发工作，体育部、文化部、文物部等多个政府行政管理部门都不同程度地涉及、参与其中，宏观上存在统筹不协调、各自为政的现象，微观上存在具体保护管理措施不到位、管理效率低下等问题。此外，基层单位存在没有专职保护编制人员，缺少专业人才、资金，项目传承人数量不足等情况，一些工作难以有效开展。如何建立切实可行的长效保护机制？这仍需要各级政府部门、学者、研究者的共同努力，在实践中探索与完善切实可行的具体措施。

三、民俗体育精神文化层面面临的困境

民俗体育的精神文化层面是人类在社会实践和意识活动中长期孕育而形成的价值观念、思维方式、道德情操、审美情趣、宗教情感、民族性格等，是人类文化心态在观念上的反映，是文化的核心部分。我国民俗体育文化是我国民间传统文化的宝贵财富，通过民风民俗、宗教信仰、祭祀活动、庆典仪式等方式表现出来，是各民族美德、性格特质的载体，"老祖宗传下来的规矩"是人们内心对秩序的认同，是人们凝心聚力、共同奋进的动力。

近现代的中国经历了土地改革、"文化大革命"等大事件,民俗体育在此期间面临着认同危机、需求危机甚至生存危机,人们生活方式的转变也给民俗体育的生存带来了危机。民俗体育文化曾被视为"旧文化",在那时,人们无法顺利开展民俗体育活动,民俗体育文化的传承和发展一度中断甚至遭到严重破坏,民俗活动因此曾逐渐消失在村民的日常生活中,"老祖宗传下来的规矩"也显得越来越不灵验。

改革开放后,随着经济建设、新农村建设等一系列发展政策的制定和实施,民俗体育文化再次复苏,但人们开展的积极性却大大降低了。现在,农耕生活模式已不再是人们赖以生存的典型生活模式,务农、养殖、打工、创业等多种生活方式并存,人们的价值观也发生了变化。民俗体育在经济利益的驱使下,自然发展的"本真性"被"人工化"改造,民俗体育文化工作的重点放在项目的经济功能的开发上,缺少对多种民俗体育文化蕴含的意义的思考和认识。人们对民俗体育文化的态度变了,对民俗体育文化的保护意识减弱了。

与此同时,在全球一体化的背景下,强势的外来文化冲击着弱势的"本土文化",西方现代体育项目深受人们的喜爱,很多民俗体育项目呈现明显的边缘化发展的趋势,如篮球、排球、足球,这些项目已普遍进入各级学校,成为青少年的主要活动方式;健身操成为中老年人的广场舞的内容之一。而民俗体育项目多出现在节日期间,生活类的民俗体育失去古朴的原生态农耕生活土壤,年轻人表达丰收愉悦的心情,不再以民俗活动方式为主;游戏娱乐类民俗体育项目的娱人、娱神功能大大降低,祈盼神灵庇佑的愿望也几乎消失殆尽。在中小学校,中小学生以现代体育项目为主要的活动方式,几乎感受不到民俗体育活动的魅力,也缺乏对民俗体育活动的热情,民俗体育就这样被人们逐渐淡忘,民俗体育的生存和发展空间不断缩小,其传承越来越艰难。经济全球化的发展使得文化趋同现象越来越突出,外来文化冲击着本土文化,情人节、圣诞节等西方节日不断受追捧,而中国传统节日的氛围却越来越淡薄,一些依赖于传统节日的民俗体育也受到影响,与人们渐行渐远。因此,在内忧外患共存的环境中,民俗体育文化的传承和发展问题亟待解决,其传承路径也需要各级政府和研究人员共同努力、积极探索。

第二节 我国民俗体育文化现代化传承路径

　　我国的民俗体育文化是一种民间的生产、生活文化,与广大民众的生活息息相关,在一定程度上反映了我国的社会、历史、政治、经济、文化、宗教、心理、风俗、习俗等文化特征。由于社会环境、法律制度、经济等一系列的变化,民俗体育文化存在危机与机遇并存的局面。要想有效地保护我国的民俗体育文化,就要国家、社会、个人多方共同努力,坚持科学传承,做到与时俱进,才能保证民俗体育文化走规范化、科学化、普及化之路,继续发挥优秀文化的作用。

一、加强政府部门的主导作用,保障民俗体育文化的顺利传承

　　《世界文化多样性宣言》从文化多样性与国际团结的角度提出:"单靠市场的作用是做不到保护和促进文化多样性这一可持续发展之保证的。为此,必须重申政府在私营部门和民间社会的合作下推行有关政策所具有的首要作用。"因此,发展民俗体育事业、传承民俗体育文化的关键是政府的参与和引导。

　　首先,政府部门要发挥政策指导作用。政府部门不仅要在国家层面制定民俗体育发展的全局性蓝图,市、县(市)级的基层单位也要制定相关的政策、制度,从根本上保证其保护、传承的合法性,这有利于约束和指导各职能部门的具体工作;根据职能部门的不同,科学、客观地制定行为准则,让各部门有行动的事实依据;对不同部门取得的成效,要定期进行认定,给予奖励与鞭策。

其次,为推广民俗体育项目提供必要的财政支持。目前,我国民俗体育的非物质文化遗产名录已初步建立,搜集了我国真实、珍贵、具有重要价值的文化信息资源,记载了各族人民世代相传、与群众生活密切相关的各种传统文化和文化空间,是我国文化多样性的具体体现。仅靠民间团体、传承人的个体力量,民俗体育文化的传承和保护效果将微乎其微,其决定性因素是资金,资金匮乏导致资源配置不合理、资源利用效率低下。因此,政府的资金扶持尤为重要,能在宏观上更有效地进行资源的合理、均衡配置,给予民俗活动资金补助;在具体活动中,经费直接解决了活动所需的道具、服装、舞台布置等现实问题。因此,政府的参与和指导是民俗体育传承和发展的重要力量,政策的指导和经费的扶持将促进整个民俗体育文化的生态平衡和可持续发展,将更好地保障民俗体育的传承和发展。

二、学校体育教育应发挥教育传承作用,保障民俗体育文化传承的人才储备

学校体育教育是以青少年学生为参与主体,通过培养学生的知识、技能、情感、体魄、意志力等来增强学生的整体素质,促进学生的身心健康的素质教育。学校体育教育内容体系的选择要符合健身性、娱乐性、身体发育的阶段性等特征。校本课程的开发与实施为民俗体育进课堂、将中国本土民俗文化中丰富的"体育元素"进行开发,为学生接受地域性传统健身项目开创了条件。

对学生来说,将民俗体育融入学校体育教育的内容体系之中,通过体育教师的传授,学生在"无意识,无选择"中通过学习或练习的方式了解或掌握民俗体育的思想、形式、内容、方法等,在自愿接受、他人传授的过程中,形成相应的行为模式,这是民俗体育"创造性转化、传承"的发展路径之一,也为我国民俗体育这一"弱势"项目传承、发展争取了一席之地。

民俗体育自身具备的身体教育素材与精神教育价值,不仅能增强学生的体质和心理健康水平,还有助于加强民俗体育后备人才的培养。民俗体育的民俗性与当地居民的生活方式、生活习性保持高度一致,且产生强大的辐射效应,对人们"文化习惯"的养成、"适时而动"意识的建立具有强大的感染力与渗透力,让学生在不知不觉中感受协调、默契、流畅的时间节律与自然属性,如上元狂欢、清明踏青、端午竞渡、重阳登高。从学生的认知层面来看,学生通过学习民俗知识,能更加了解不同国度、不同地域的民俗节律在现实生活、社会、文化中的意义,正如《礼记·曲礼上》所说:"入境而问禁,入国而问俗,入门而问讳。"对于不同的礼俗知识,学生能从文化认同、习俗认同的角度去解读,就能在一定程度上增加学生的人文知识的底蕴。

　　今天,对于年轻一代来说,"老祖宗传下来的规矩"显得越来越不灵验了,因为他们的生活已远离"老祖宗"了。把民俗体育纳入学校体育教育的内容体系之中,学生即可近距离地接触我国存在已久的民间民俗内容,学习本民族的传统文化和美德。年轻一代学习、推广和传播民俗体育及其文化,具备民族文化底蕴,就有了民族底气,就能从容面对外来文化的渗透。民俗体育是我国传统体育文化宝库中的一颗明珠,越来越多的专家、学者已认识到推广和传播民俗体育及其文化的重要性,我国部分地区已经实施了民俗体育进课堂的策略,使民俗体育在学校体育教育中走规范化、科学化、普及化之路,为民俗体育文化培养后备人才,以推动民俗体育文化的可持续性传承。

三、发挥媒体的传播作用,提高广大民众保护非遗的意识

　　大众媒体具有影响面广、影响力大、时效性强等优势。现阶段的媒体包括数字媒体、广播、电视、电影、广告、网络等形式,发布的信息具有虚拟、海量、快速等特点。媒体能够把人们喜闻乐见的信息及时推送出去,满足人们获取知识的需要。针对民众的民俗体育文化保护意识淡薄这一

状况,借助媒体快速传播信息、知识的优势,加大对民俗体育活动报道的力度,传播各民族文化,普及民俗体育知识,让广大民众直接或间接感受到民俗事象时时在自己身边,这不仅能丰富民众的生活内容,而且还能调节民众的生活节奏。

在具体的民俗活动报道过程中,声、光、画面的结合能带给人们身临其境的感受,如舞龙、舞狮、民族舞蹈,加以古琴、马头琴、二胡等乐器伴奏和书画等传统艺术的展演等,不仅增添了浓浓的节日氛围,还增加了民俗体育的魅力。另外,也可以利用建立的民俗体育的相关网站,传播民俗体育知识,实时播报民俗活动开展实况,不仅能开阔人们的眼界,使人们看到独具特色的各地民俗活动项目,而且能激发人们主动参与运动的热情,激发人们对本土文化的热爱之心、对异域文化的喜爱之情。网站对国内外最新的民俗体育活动动态的关注,对精彩纷呈的民俗体育活动赛事的及时转播,能促进多元文化之间的交流与对话。利用网站时时更新、传播民俗体育活动与生活、节气密切相关的知识,让人们体会顺应节气变化适时而动的道理。人们通过媒体了解到更多的民俗体育文化知识,了解我国民俗体育文化的宝贵价值,从而提高保护我国非物质文化遗产的意识,自觉或不自觉地去传承和发扬我国的民俗体育文化,这非常有利于我国民族体育文化的传承和发展。

四、基层体育组织与非遗传承人应发挥主体作用,营造民俗体育文化在民众日常生活中的氛围

民俗体育自产生起就融入人们的日常生活中,它依托各种民俗事象,满足人们生存、发展、娱乐、健身等多种需求。在远古时代,由于科学落后、生产力低下,民俗体育如影随形地相伴在人类的生产生活中,广泛流传且深受人们的喜爱。随着社会的转型以及文化的变迁,民俗体育更多地活跃在传统的岁时节日中,通过仪式、表演等方式增强人们的凝聚力,增添节日的喜庆气氛。

现今,由于生活方式的改变以及外来文化的入侵,民俗体育的发展出现繁荣与衰落的不平衡现象,民俗体育文化盛行于农村地区,但农村地区的民俗体育文化不如经济发达地区的繁荣,民俗体育的原生态性慢慢被竞技性所取代,表现出发展的功利性、目的性。随着新农村建设的广泛开展,植根于农村地区的一些民俗体育项目已经出现边缘化发展趋势,有的民俗体育项目甚至已经消失。

面对已"涵化"或即将失传的民俗体育,每个炎黄子孙都有责任和义务去挽救我国的民俗体育文化,去传承和保护我国的民俗体育文化。非遗传承人是传承和保护民俗体育文化的首要人选,1993年,联合国教科文组织为抢救和保护非物质文化遗产,建立了"人类活财富"工作指南,1994年启动的该项目的行动计划就是专门针对对社会有突出贡献的民间艺人或传承人而设立的。

民间艺人或传承人是民俗体育活动的爱好者和积极分子,技艺娴熟,德高望重,人们愿意在他们的"言传身教"中学习和传承民俗体育文化。在目前关于非遗传承人的责任、利益等法规条例尚不健全的情况下,他们仍意志坚定地克服种种困难,胸怀"传播文化,服务人民,造福社会"的志向,坚定"传承、保护、延续、发展"我国民俗文化瑰宝的信念,坚持担负起传播本土文化的职责,不遗余力地开展活动,让民俗体育亲近民众、亲近生活,再次在民间传播开来。

另外,要重视发挥基层体育组织的主体作用,让组织做好榜样,激起民众内心的渴望,主动、自愿参与民俗体育文化的传承工作。基层体育组织分布于民俗社会,与民众距离较近,是民众参与社会活动的直接引导者。每逢遇到较大的民俗节日,基层体育组织要派专人担当主要的组织者,统筹安排,组织活动,让当地民众积极热情地主动参与到家乡的传统民俗活动中来;在平时的健身活动中,基层体育组织要着重培养部分民俗活动积极分子,让他们引领广场舞爱好者多跳家乡的传统舞蹈,让地域民俗风情渗透到更多人的日常生活中,增强民俗体育文化在人们日常生活中的传播氛围。

五、发挥商界的产业推动作用,弘扬民俗体育文化

民俗体育要想表现出强有力的生命力,必须依靠自身特色,寻找可持续发展之路。20世纪90年代以来,在经济发展迅猛、全球一体化的背景下,我国传统的农耕文明逐渐与工业、旅游业相结合,朝着现代农业、新型工业、休闲娱乐、旅游等现代化方向发展。市场经济理念不断融入民众生活,第一产业(农业、林业、牧业、渔业等)已不再是人们发展经济的唯一出路,第二产业(采掘业、制造业、水电油气、医药制造和公共工程)、第三产业(商业、金融、服务业等)成为人们追求经济效益的有效途径,得以大力发展,三大产业均取得了显著的成就。因此,可以参考产业发展的成功经验,依据美国经济学家罗斯托的"扩散效应最大准则",对民俗体育进行商业包装。产业化发展道路是人们对优秀民俗体育资源进行再开发、再利用的有效渠道。

作为人类创造的产物,民俗体育文化有着广泛而又深厚的民间文化基础。民俗体育文化因其厚重的地域文化底蕴和优秀的民间文化精髓,被作为地方形象的代表,与旅游业、服务业等第三产业融合发展,从而开拓新市场,振兴地方经济并促进相关产业的协同发展。民俗体育文化已成为各地亟待传承、保护与推广的特色文化资源。各地大力举办具有地方特色的"旅游文化节",利用地域特色吸引游客,这已经成为世界各地发展旅游业的一种新模式与新趋势,目前,这种模式已取得了较好的市场效益、经济效益,同时也直接或间接地调整了国家的经济结构、基础设施,完善了相关法制建设,提高了人口素质,促进了社会的发展。

目前,我国已有一些地方的民俗体育文化资源的开发和利用取得了较显著的成就。潍坊国际风筝节是我国最早冠以"国际"二字并被国际社会承认的大型地方节会。在节会举办期间,有来自世界各地的30多个国家和地区参赛。潍坊已成为中国特色魅力城市之一。但是,很多地方的民俗特色节会规模较小,招商引资能力并不强,仍在不断探索值得推广的具有可行性的成功经验。主导的支柱产业或产业集群并未确立,对社会发展的影响力仍需加强。今后,通过民俗体育的产业化发展,来保护和弘扬我国的民俗体育文化,这是民俗体育文化可行的发展渠道之一。借助社会产业的推动作用,确保民俗体育产业化道路的顺畅,将更能振奋民族精神,实现社会的和谐与文明进步。